Maximizalo!

Descubre cómo $25 al mes pueden desbloquear una
vida de seguridad financiera.

Brenda C. Paz

Datos de Catalogación en la Publicación de la Biblioteca del Congreso

Brenda C. Paz,
Maximizalo! Descubre cómo $25 al mes pueden desbloquear una vida de seguridad financiera.

Revisión en español: Yoklan Holtan
Fotógrafo: Giselle Salazar Photography

ISBN: 979-8-9919211-0-7

Impreso en los Estados Unidos de América

Nota: Este libro está destinado únicamente como una guía informativa para aquellos que deseen saber acerca de la inversión. Se recomienda a los lectores que consulten a un Asesor Financiero profesional antes de tomar decisiones financieras. El lector asume toda la responsabilidad de las consecuencias de cualquier acción tomada basada en la información presentada en este libro. La información en este libro se basa en la investigación y experiencia del autor. Se ha hecho todo lo posible por garantizar que la información sea precisa; sin embargo, el autor no puede aceptar responsabilidad por cualquier error que pueda existir. Los hechos y teorías sobre inversión y finanzas están sujetos a interpretación, y las conclusiones y recomendaciones presentadas aquí pueden no estar de acuerdo con otras interpretaciones.

¡Escanea el QR para descargar GRATIS la "Hoja de Seguimiento de Fondos"!

Toma el control de tus inversiones con **Mi Hoja de Seguimiento de Fondos**, una herramienta simple pero poderosa para gestionar y rastrear todas tus inversiones en un solo lugar.

beyourpeaceacademy.com/courses/offers/cbcbd33a-ab7b-4bf8-b758-2cc67ea4777f

Elogios por *Max It Out!*

"Este libro es una lectura fácil para alguien que nunca ha invertido un solo dólar en su vida. Presenta una imagen clara y vívida de su trayectoria en las inversiones y su desarrollo personal, y su historia es verdaderamente inspiradora. Es un regalo perfecto para cualquier persona. Sin embargo, es especialmente beneficioso para quienes están comenzando su carrera después de la escuela o ingresando al servicio militar."

—Dr. Ainsley A Reynolds

"Brenda, este libro es taaaan bueno! Lo leí entero en una noche, no podía soltarlo. Me encantaron los consejos dentro de la historia, ¡qué gran idea! Honestamente, es perfecto para mí también porque soy principiante y he querido empezar a invertir, pero siempre me pregunto: ¿qué significan todos estos términos? Es muy fácil de leer y entender, y sinceramente, me hace sentir mucho más segura para comenzar como novata. Me encantaron todos los ejemplos. ¡Gracias por escribir este libro! Sé que ayudará a muchísimas personas. ¡No puedo esperar para maximizarlo contigo!"

—Mazzy

"Max It Out *se destaca por su autenticidad, narrativa y sabiduría resumida. La autora comparte historias y lecciones de la vida real de una manera atractiva y práctica. Una de mis características favoritas es que los puntos clave son fáciles de consultar, ya que cada capítulo resume las lecciones al final. No importa en qué etapa de tu camino financiero te encuentres, los consejos son precisos y accesibles. Si buscas una lectura envolvente combinada con ideas valiosas, recomiendo este libro sin duda.*"

—Annonimous

"*¡Este libro me abrió los ojos para maximizarlo todo! Muchas gracias, Brenda, por tu hermoso libro. Te dará excelentes consejos e ideas sobre cómo ahorrar o abrir una cuenta Roth IRA. Ella explica todo de una manera tan sencilla que es muy fácil de entender el proceso. ¡Gracias!*"

—Yoklan Holtan

"*Este libro es una compra obligada. Captó toda mi atención de principio a fin. Lo leí completo. Brenda C. Hall comparte todas sus experiencias de apren-*

dizaje y su determinación para alcanzar el éxito. No quiero revelar demasiado porque tienes que leerlo por ti mismo. Me encantó lo auténtica que fue en el libro. ¡Cómpralo, no te arrepentirás! Lo amé y lo disfruté muchísimo. Definitivamente lo volveré a leer. Gracias por escribir un libro tan increíble."

—AJ

CONTENTS

PRÓLOGO

El año era 1993. Tuve el placer de trabajar para el Departamento de Policía de New Brunswick y dirigir un centro comunitario que me brindó la oportunidad de trabajar con mentes jóvenes en la ciudad en la que nací. Esta asignación con el Departamento de Policía de New Brunswick alimentó mi deseo de trabajar con jóvenes. Poco después de mi asignación, conocí a esta joven tranquila, introvertida y hermosa que acababa de llegar aquí desde Honduras. Aunque no tenía un dominio completo de la cultura ni del idioma, parecía ansiosa por aprender y adaptarse. Aunque quería mucho a muchos niños que cruzaban mi camino en mi asignación, inmediatamente me sentí atraído por Brenda Paz.

Brenda pasaba incontables horas en mi oficina durante y después de la escuela. Siempre destacaba en cada desafío que se le presentaba, con una actitud ansiosa por aprender. La Escuela Roosevelt era una institución de kindergarten a octavo grado, así que nuestro tiempo juntos, como con todos los estudiantes, sería poco. Brenda fue a New Brunswick High, y la vida siguió.

La mayoría de los niños que pasaron por los programas que organizamos crecieron y siguieron adelante. Rara vez o nunca interactuaría con ellos nuevamente.

Las redes sociales no estaban ampliamente disponibles, así que no había forma de obtener información sobre la vida de nadie sin tener conversaciones reales con ellos.

A medida que avanzaba mi carrera, tuve la oportunidad de asistir a la Academia de Policía y comenzar mi carrera en la aplicación de la ley como oficial juramentado. Un gran obstáculo para mí fue el cadenciamiento militar, el régimen, la comprensión de ejercicios y el desfile. Estuve muy cerca de ser expulsado de la academia debido a mis fracasos.

¿Mi mayor desafío? ¡"¡Giro a la derecha!" Mi sargento instructor me dio una semana para resolverlo o me iría, y mis sueños de convertirme en un oficial juramentado se desvanecerían. Volví a la Escuela Roosevelt y reflexioné sobre mi futuro.

Una soldado pequeña vestida con un uniforme militar se acercó a mi oficina mostrando su mejor marcha de batallón militar. Era Brenda Paz, ahora oficial de ROTC en el programa de la escuela secundaria. Estaba ansiosa por contarme todo sobre su uniforme y lo que representaba como candidata a ROTC. Le conté a Brenda sobre mis dificultades en la academia, y ella dijo que podía enseñarme en segundos. Aunque la interacción puede parecer mínima, me ha quedado grabada durante muchos años. Me permitió continuar con mi carrera.

Brenda y yo tuvimos varias ocasiones en las que cruzamos caminos, y siempre reflexioné sobre el momento en que ella me ayudó a pasar la academia. La vida continuó, y Brenda siguió adelante. Tiempo completo en el ejército, relaciones y el nacimiento de su hija. Seguimos manteniendo el contacto. Es fácil admirar en sus muchos éxitos y sentir que tal vez has tenido alguna pequeña parte en que eso suceda, pero la verdad es que estar cerca de Brenda me ha ayudado a crecer. Espero con ansias todos los futuros capítulos que aún no se han escrito.

Cuando lees un libro, ya sea de autoayuda o autobiográfico, rara vez compartes encuentros con el autor.

Brenda Paz es el modelo del proverbial "Sueño Americano". Una joven cuya familia emigró de un país extranjero, a una historia de éxito arraigada en el esfuerzo. Brenda ha trabajado duro para alcanzar el éxito. Cuando decidió escribir un libro, no pude pensar en nadie mejor para compartir su historia. He sido bendecido al ser testigo de la lucha y compartir en sus riquezas.

Sigue el camino que ella ha marcado como una oportunidad para hacer tu vida más plena y financieramente estable. Espero que disfrutes del libro tanto como yo disfruté la copia previa sin editar.

Lamont Bowling
CEO of Atlantic City Fashion Week

PREFACIO

A lo largo de mi viaje en inversiones, he leído muchos libros sobre finanzas personales, trading de acciones e inversión a largo plazo. También he tomado cursos de finanzas personales, pero lo más importante es que tengo la experiencia personal de cometer muchos errores en los últimos veintitrés años de inversión.

Un error enorme fue confiar en el Asesor Financiero Certificado de mi banco, quien simplemente me dijo que no pusiera todos mis huevos en una canasta y él eligió dónde poner mi dinero ganado con esfuerzo. Porque, seamos sinceros, si eres como yo, venía de la nada. Tampoco ganaba mucho dinero cuando me uní al ejército en el 2000. Cuando revisé mi historial de ingresos en el sitio web de la seguridad social, gané $11,244 en el año 2000 y $15,622 al siguiente año, y aumentó aproximadamente tres mil por año después de eso.

A pesar del salario mínimo, aún invertía. Lamentablemente, confié en que estos asesores financieros me guiarían o tal vez me enseñarían a invertir, pero me vi atrapada en el "mundo de las inversiones" con palabras financieras que parecían venir de otro planeta. ¿Fondo mutuo qué? ¿Asignación quién? ¿Índice qué? Sí, eso era demasiado para mí para esta latina que aprendió inglés como segundo idioma, pensé yo mí misma. Experimenté algo llamado "síndrome del impostor". ¿Quién diablos soy yo para entender de inversiones? Ya he logrado lo que ninguno de mis familiares ha logrado. Así que confié en que mi dinero estaba siendo invertido para hacerme ganar grande. ¡JAJA! Sí, claro, descubrí la manera difícil, y comparto esas lecciones mientras lees este libro.

Un día, durante una meditación de gratitud, la idea de escribir este libro se me ocurrió. Mis amigos y familiares me preguntan sobre inversiones, así que pensé, ¿por qué no ponerlo en un libro para compartir mi historia con más personas sobre cómo comencé mi viaje de inversión? Así que aquí estoy escribiendo este libro en cualquier oportunidad que tenga, principalmente por la noche, a las 11 p.m. para ser exactos, porque por alguna razón mi enfoque es mejor por la noche. Espero que encuentres útil este libro y que implementes los consejos y lecciones que he incluido.

INTRODUCCIÓN

¿Maximizalo? Cuando tomaste este libro, apuesto a que estabas pensando, "¿Qué significa maximizarlo? ¿Maximizar mi tarjeta de crédito? ¿Qué estoy maximizando? ¿Mi 401k? ¿Cómo puedo maximizar mi 401k cuando no gano tanto?"

Maximizalo no se trata de maximizar tarjetas de crédito. No se trata de maximizar tus inversiones desde el principio. Se trata de comenzar tu viaje de inversión con tan solo veinticinco dólares al mes y eventualmente maximizar tus contribuciones si tu salario lo permite. Lo más importante es maximizarlo en la vida según lo que tu situación financiera actual permita. Si solo puedes permitirte veinticinco dólares al mes, entonces lo has maximizado. Si puedes invertir el doble o el triple, también lo has maximizado. El punto aquí es que en el mundo de las inversiones, tienes que empezar, y cuanto antes, mejor.

Comencé a invertir en mis primeros veinte años cuando estaba en la Marina ganando $11,244 al año. ¡Empecé a invertir con apenas veinticinco dólares al mes! ¡Sí, señor o señora, veinticinco dólares! Desafortunadamente, invertí a ciegas, sin saber qué diablos estaba haciendo. Simplemente llamé a mi banco y les di pedido que automáticamente sacaran esos veinticinco dólares de mi cuenta bancaria y los pusieran en una Roth IRA. Sabiendo lo que sé ahora, debería haber verificado a dónde iba ese dinero, bueno, también fue mi ignorancia y creencia limitante de que nunca podría aprender a invertir.

Si aún no conoces los pasos para invertir en una Roth IRA, pues estoy a punto de decírtelos. Primero, abres una cuenta Roth IRA. Luego, haces que tu banco financie automáticamente la IRA. Pero aquí está el detalle: cuando se financia, va a esas cuentas principales, que es esencialmente una cuenta de ahorros, así que el dinero simplemente se queda allí sin invertirse realmente. Una vez que sepas en qué fondos quieres invertir, entonces puedes hacer que tu banco or firma de corretaje, como Fidelity o Vanguardia, por ejemplo, realice ese intercambio (o compra) por ti. Bueno, si eres hábil con la computadora, puedes hacerlo tú mismo. Esta es una lección importante que aprendí. No tenía idea de dónde el asesor financiero de mi banco invertía mi dinero, y lo más probable es que fuera un fondo mutuo de altas tarifas. No quiero que esto te suceda a ti, así que sigue leyendo.

Lista de Términos Definidos para Inversionistas Principiantes

Term	Traducción	Definición	Analogía
Stock	Acción	Una acción representa la propiedad parcial de una empresa y da derecho a una parte de sus ganancias.	Poseer una acción es como tener una rebanada de un pastel: si el pastel crece, tu parte también crece.
Bond	Bono	Un bono es un préstamo que un inversor le hace a una entidad (gobierno o empresa) a cambio de pagos de intereses regulares.	Comprar un bono es como prestar dinero a un amigo y recibir pagos con intereses hasta que te devuelvan el total.
ETF (Exchange-Traded Fund)	Fondo cotizado en bolsa	Un fondo de inversión que se negocia en bolsa y contiene una mezcla de activos como acciones o bonos.	Es como una canasta de frutas variada: en lugar de comprar solo manzanas, compras una mezcla de frutas.
Mutual Fund	Fondo mutuo	Un fondo que agrupa dinero de muchos inversores para comprar una cartera diversificada de activos.	Es como un fondo de ahorro compartido en el que todos contribuyen y reciben beneficios según su inversión.
Index Fund	Fondo indexado	Un fondo mutuo o ETF que replica un índice de mercado como el S&P 500.	Es como una caja de chocolates surtidos que refleja exactamente el surtido de una tienda específica.
Dividend	Dividendo	Pago que una empresa hace a sus accionistas a partir de sus ganancias.	Es como recibir una propina extra por ser dueño de una parte del negocio.
Capital Gain	Ganancia de capital	El porcentaje de los activos de un fondo que se utiliza para cubrir costos operativos.	Es como pagar una pequeña tarifa de administración para que alguien cuide tu jardín.
401(k)	Plan 401(k)	Un plan de ahorro para la jubilación patrocinado por el empleador, con beneficios fiscales.	Es como una alcancía especial donde tu empleador también aporta dinero.

Roth IRA	Cuenta IRA Roth	Una cuenta de jubilación individual en la que las contribuciones se hacen con dinero después de impuestos y los retiros son libres de impuestos.	Es como pagar por adelantado un banquete y luego disfrutar de la comida gratis en el futuro.
Asset Allocation	Asignación de activos	La estrategia de distribuir inversiones en diferentes tipos de activos para gestionar el riesgo.	Es como equilibrar una dieta con diferentes alimentos para mantenerte saludable.
Risk Tolerance	Tolerancia al riesgo	La capacidad de un inversor para manejar fluctuaciones en el valor de sus inversiones.	Es como decidir si quieres subirte a una montaña rusa intensa o a una más suave.
Compound Interest	Interés compuesto	Interés que se calcula sobre el capital inicial y los intereses acumulados previamente.	Es como una bola de nieve rodando colina abajo, haciéndose más grande con el tiempo.
Liquidity	Liquidez	La facilidad con la que un activo puede convertirse en efectivo sin perder valor.	Es como tener dinero en efectivo versus tener una casa: el efectivo es fácil de usar, pero vender una casa toma tiempo.

CAPÍTULO 1

COMIENZOS HUMILDES

¿Quién es Brenda? Oh hombre, creo que se necesitará una autobiografía para contarte todo sobre mí. Mientras tanto, permíteme contarte un poco sobre de dónde vengo y cómo llegué a este punto en mi viaje de inversión. Nací en Honduras, en un pueblo muy pequeño y extremadamente pobre. Sí, extremadamente pobre. Mi abuela tenía una casa hecha de bloques de cemento y techo de lámina, ¿ok?, supongo que teníamos un techo sobre nuestras cabezas, ¿verdad? Eso fue un gran avance para mi abuela en comparación con el lugar donde mi mamá y yo crecimos, teníamos cartón como aislante o insulacion de pared.

En fin, ese techo hacía mucho ruido cuando llovía. Al principio era molesto, pero de alguna manera terminas acostumbrándote y se convierte en una especie de ruido blanco para tus oídos. En esta casa de una habitación vivían siete personas. La habitación era compartida por mi abuela, la hija adoptiva de mi abuela, mi mamá, mi hermanita y yo. La sala de estar era enorme, así que mis tíos dormían allí en un "petate", un colchón de paja tejida.

Mi madre solía trabajar largas horas en una fábrica de madera, lijando y barnizando las patas de las mesas de madera. Recuerdo probar su comida, y olía y sabía a barniz. Cualquier tipo de carne era un lujo, así que las comidas eran galletas "margarita" y café por las mañanas. El almuerzo consistía en huevo, frijoles y tortillas. A veces teníamos crema agria. Todo dependía de quién trajera algo de dinero, y la mayoría de las veces era mi madre quien lo traía para alimentar a una familia de siete.

Para ser honesta, todo lo que recuerdo es que mis tíos siempre estaban borrachos y causaban caos y nos robaban. Mi mamá ponía un candado en nuestro tocador para que no nos robaran la ropa para venderla por marihuana y alcohol.

Así que ves, no vengo de dinero. Vengo de comienzos humildes. Tuve la bendición de tener la oportunidad de migrar a los Estados Unidos a una edad muy temprana, pero nuevamente, mis condiciones de vida no eran óptimas aquí tampoco. Creo que tuve como siete u ocho direcciones mientras crecía. Nos mudábamos tanto; literalmente podrían etiquetarnos como nómadas. Vivimos por todo New Brunswick, NJ. Throop Avenue, Remsen, Bayard St, Railroad Ave. Tengo más direcciones, pero entiendes la idea.

Nunca tuve mi propia habitación. Vivíamos en una habitación en el ático, un apartamento en el sótano que se inundaba cada vez que teníamos tormentas de lluvia, cerca de una vía férrea. Podrías haber chocado los cinco fácilmente con los pasajeros, así de cerca vivíamos, y mi habitación estaba en un armario despensa. Imagina tener quince años y que tu habitación esté al lado de la cocina. Pensándolo bien, eso era vergonzoso, pero de alguna manera, estaba agradecida y súper feliz con mi habitación despensa. Nunca me quejé con mi madre ni le conté cómo me sentía al respecto.

Ahora, viviendo en los Estados Unidos, la Brenda de once años soñaba con tener una casa y trabajar en una oficina como esas personas de las películas. Creo que fue una escena de "Mirá quién habla" donde vi a mujeres vestidas con trajes y maletines, y pensé, algún día seré como esa mujer. Soy lo suficientemente inteligente. En esa edad, no podía entender por qué mi madre y mi padrastro no querían ese tipo de vida o al menos, nunca los escuché hablar al respecto. Pensé, ¿qué tan difícil puede ser? ¿Qué debo hacer para lograr esto?

Recuerdo a una compañera de clase que era de México. Su madre y padre tenían un restaurante mexicano. Lo tenían todo, y lo único que podía hacer era soñar con que algún día podría vivir como ellos vivían. Su padre me llevaba a la escuela en su gran camioneta Ford y mi amiga me daba algunas quesadillas fritas mexicanas para el desayuno. Fueron amables conmigo. Podía imaginar lo agradable que debía ser su hogar. No sabía cómo ni cuándo, pero sabía que quería más de cómo estaba viviendo.

Avanzamos rápidamente a 2023, ahora sé el poder de la inversión, he invertido en educarme a mí misma, ya sea tomando cursos, leyendo libros, escuchando Audibles, etc. A lo largo del viaje, he cometido tantos errores, muchos debido a la falta de educación.

Entonces, con este libro, espero inspirarte a tomar el control de tu dinero y ayudarte a superar tus miedos a invertir. Compartiré mis lecciones y estrategias que he aprendido en estos veintitrés años y que me han permitido hacer crecer mi cartera de jubilación a más de trescientos cincuenta mil dólares. ¡Oh, cómo desearía saber entonces lo que sé ahora porque probablemente sería millonaria ahora mismo! ¡Mi estrategia habría sido maximizarlo al máximo, amigo!

CAPÍTULO 2

SR. WILLIAMS

En septiembre de 2000, comencé mi primer año de universidad en la Universidad Kean. Era una becaria de Nueva Jersey, tenía una beca de Robert Wood Johnson, pero no era suficiente para completar los cuatro años de escuela. Tenía un FORD (Fix or Repair Daily), como solían bromear los niños del vecindario cada vez que alguien decía que tenía un Ford. (Lo siento, Ford, irónicamente poseo algunas de tus acciones hoy en día). Era un Ford Tempo, para ser específica. Hombre, ese auto solía descomponerse tanto.

Trabajaba en la biblioteca de la escuela para obtener un descuento en los libros, también trabajaba en Rainforest Café. Realmente odiaba trabajar allí. Me dieron una propina de un dólar porque llevaron mi comida a otra mesa y el grupo grande se enfadó. Sí, renuncié a ese lugar. Terminé trabajando en el hospital local cerca de la casa de mi mamá como Asistente de Pacientes, lo que implicaba transportar pacientes por todo el hospital para hacerse radiografías o escáneres. Realmente no me gustaba ese título de trabajo; la gente me miraba raro cuando decía que era Asistente de Pacientes.

Creo que trabajé en todos los trabajos posibles para llegar a fin de mes. Siempre he sido una adicta al trabajo tratando de cumplir ese sueño de la infancia. Comencé a trabajar a los quince años, ganando $592 ese año, y he tenido un trabajo desde entonces. Pude obtener mi historial de ingresos del sitio web de la Seguridad Social, mira abajo desde los años 1995 hasta 2006.

Año	Ingresos
2006	$19,577
2005	$24,728
2004	$23,317
2003	$20,426
2002	$17,738
2001	$15,622
2000	$11,244
1999	$6,094
1998	$7,628
1997	$4,259
1996	$4,116
1995	$592

Un día, tratando de ir a casa para el fin de semana ya que vivía en la residencia de la Universidad Kean mi primer año, mi Ford Tempo se descompuso. Lo llevé a un taller local de automóviles y me dijeron que eran como doscientos dólares para arreglar un problema eléctrico que encontraron. En ese momento, le debía dinero al banco, en serio, mi cuenta tenía un número negativo. Mientras caminaba para recoger mi auto, lloré tan fuerte al lado de la carretera. mientras caminaba, miré al cielo y, sin importarme si alguien me veía, le grité a Dios: "Por favor, Dios, dame una señal. ¿Qué puedo hacer? No puedo pagar la universidad. Por favor, ayúdame. Dame una señal".

No tenía a nadie que me guiara, que se sentara conmigo y me presentara opciones sobre cómo financiar mi educación. Pensándolo ahora, no estoy segura de por qué no fui a hablar con mi consejero. ¿Quizás porque la gente en ese entonces era despiadada? Había muy pocas personas a las que les importara y quisieran ayudarte. Al menos, esa fue mi experiencia personal. Los estudiantes tienen tanta información hoy en día. Es tan accesible. Puedes ir a la "Universidad de YouTube" para aprender más sobre cómo financiar tu educación. No teníamos redes sociales en ese entonces.

Cuando llegué a casa esa misma tarde después de recoger mi auto y estar endeudada con el First Union Bank, recibí una llamada de un amigo de toda la vida al que no había escuchado en más de un año. Su nombre es Richard. Era un reclutador de la Marina que intentó reclutarme en mi último año de secundaria, pero le dije que era una chica universitaria. Jajaja, nunca digas nunca, ¿verdad? Como solía decir mi abuela, "No escupas hacia arriba porque la saliva te caerá directamente en la cara".

Por teléfono, grité: "¡Richard! ¡Eres la respuesta a mis oraciones! Quiero unirme a la Marina".

Él dijo: "Oh no, eres una chica universitaria, ¿recuerdas? No quiero que me odies si no te gusta".

"No entiendes", dije. "No tengo dinero para la escuela, así que tengo que unirme a la Marina".

Aceptó ayudarme, pero me asignó a otro reclutador. Unirme a la Marina no fue fácil para mí; tenía que perder peso. Ya había tomado el ASFAB y había obtenido una puntuación decente, pero debido a que mido cinco pies dos pulgadas, no cumplía con los requisitos de altura y peso, así que había otro obstáculo que tenía que superar. Así que compré una botella de xenadrine y en ese entonces, tenía efedrina. ¡Dios mío! Corrí durante dos meses y juro que podría haber muerto de un paro cardíaco. Esa efedrina no era una broma. Recuerdo volver de una larga carrera, mi rostro estaba rojo como un tomate, el corazón latiendo como si estuviera teniendo un ataque de pánico, y simplemente caí al suelo para recuperar el aliento. El uso de efedrina fue prohibido en 2004 porque causaba ataques cardíacos, convulsiones, derrames cerebrales y muerte súbita. Gracias a Dios dejé de usar ese suplemento.

Así que abandoné la universidad, perdí más de veinte libras y me fui a la Marina. En MEPS, la Estación de Procesamiento de Entrada Militar, intentaron hacerme tomar un trabajo como profesional religioso. Los miré como si estuvieran locos. Les dije que no y seguí el consejo de mi amigo Richard de ir a aviación, así que me ofrecieron un trabajo manejando bombas. Dije: "Oh, demonios, no quiero tocar bombas ni electricidad". Así que elegí mecánica de aeronaves.

No tenía miedo en absoluto de ir a la escuela de reclutas. Creo que fue mi determinación y mi impulso para entrar a la universidad. Richard me había instruido que si mi objetivo era ir a la universidad, entonces quédate en aviación, preferiblemente en P-3 Orion, esos aviones no aterrizan en el barco, así que mi probabilidad de ir a la escuela mientras estaba en la Marina era mucho mayor que estar en el barco. Pero aquí está el truco: en la escuela A para mecánicos de aviación, para poder elegir tu estación de servicio, debes estar entre los tres primeros de tu clase. Así que estudié como nunca, día y noche. Las tarjetas de memoria fueron mis mejores amigas. Terminé en segundo lugar, así que elegí P-3 en Jacksonville, Florida.

En mi primera estación en Jax, empecé a trabajar como Primer Teniente. Básicamente, era un nombre glorificado para hacer tareas de limpieza durante un año más o menos. Las tareas que realizaba eran despegar y encerar pisos, limpiar los baños y los espacios de oficina. Solíamos bromear, "No me inscribí para limpiar baños".

Luego recuerdo que alguien dijo: "Los retretes no se limpian solos. Alguien tiene que hacerlo". Tan cierto y bueno, ese era el proceso de alistamiento para los nuevos aviadores. Fue allí donde conocí al Jefe de Oficiales de Primera Clase, Williams. Es un hombre de buen corazón. Se preocupaba mucho por el bienestar de todos los nuevos aviadores.

Un día, estábamos todos sentados durante un descanso, y él dijo: "Oigan, ¿saben qué es una Roth IRA?" Por supuesto, iba a escuchar atentamente porque tenía ese hambre insaciable de ser financieramente estable.

"Bueno, es esta nueva cuenta de ahorros para la jubilación", continuó, "y pones tu dinero allí, y es libre de impuestos cuando lo retiras a los cincuenta y nueve años y medio".

Sembró esa semilla en mi cabeza, y por supuesto, tuve que hacer algo al respecto. En ese momento no teníamos Google, pero investigué un poco, y algo me dijo que empezara con veinticinco dólares al mes. Eso son trescientos dólares al año y en el año 2000, el límite de contribución máxima era de dos mil dólares, pero eso era todo lo que podía pagar en ese momento.

Por cierto, el Sr. Williams y yo todavía somos amigos veintidós años después, y hablamos sobre cómo sembró la semilla para que yo comenzara a invertir y, para mi sorpresa, él nunca invirtió en una Roth IRA. Eso me sorprendió porque pensé que él había invertido desde que nos habló de eso. Le conté todo lo que aprendí en esa llamada telefónica. Siempre ha sido extremadamente solidario, y lo aprecio hasta el día de hoy.

Lección #1: Si estás en tus veinte y tu salario lo permite, debes invertir el límite máximo de contribución de Roth IRA. ¡Hazlo! Si tu salario no te permite alcanzar el límite máximo, entonces invierte lo que te sientas cómodo. Has escuchado "¡Págate a ti mismo primero!" Sí, ámate a ti mismo, págate a ti mismo. Estarás en el camino hacia la riqueza a largo plazo. Si pudiera retroceder, lo habría hecho. Si tienes más de treinta años, no es demasiado tarde. Este consejo también se aplica a ti. Le digo a cualquiera a quien mentor que tome el diez por ciento de su salario para sus ahorros e inversiones. Entonces, digamos que ganas cuarenta mil dólares al año. Calcula el diez por ciento de eso. Así que cuatro mil dólares se pueden dividir en los compartimentos de ahorros, Roth IRA y 401k. Cuánto en cada uno depende de cuánto ahorro tienes actualmente y cuánto aporte iguala tu empleador para tu 401k. Tendrás que calcular esas cantidades para que se ajusten a tus necesidades.

Mi mamá y mi padrastro querían mudarse a Florida para ver si les gustaba, así que pude vivir fuera de la base y alquilé un apartamento de tres habitaciones para que pudieran vivir conmigo mientras encontraban trabajo y conseguían su propio lugar. El salario militar, con el BAH (dinero de alquiler), no era mucho y un día me di cuenta de que no podía llegar a fin de mes. Quería ayudar a mi familia, pero alquilar ese apartamento me tenía viviendo de cheque a cheque. Cada vez que llegaba el alquiler, me ponía nerviosa porque no tenía lo suficiente, así que decidí trabajar a tiempo parcial en el centro comercial. Trabajé en una tienda de dólares como supervisora de cierre. Conocí a un hombre allí que también me consiguió trabajo siendo el Conejito de Pascua para ganar dinero extra, así que logré pagar el alquiler y otras facturas. ¡Qué alivio! Pensé para mí misma, nunca quiero estar en esta situación de nuevo, así que se me ocurrió la idea de fijar como objetivo nunca bajar de mil dólares en mi cuenta corriente. Y así lo hice. Siempre he tenido este impulso y deseo, esa cosa que hoy en día llaman "manifestación". Yo lo llamo "establecer metas y cumplirlas para lograrlas". Así que empecé a ahorrar dinero y logré llegar a mil dólares, y cada vez que mi cuenta bajaba por debajo de eso en un dólar, dejaba de gastar de inmediato hasta que volvía a subir. Todavía hago esto hasta el día de hoy. Se siente tan bien saber que no tienes que preocuparte por vivir de cheque a cheque nuevamente.

Lección #2: Si te puedes relacionar, entonces te desafío a comprometerte a ahorrar al menos mil dólares en tu cuenta corriente y nunca bajar de esa cantidad. ¡Créeme, funciona! Es como si tu subconsciente no te permitiera bajar de eso. Debes ser constante y comprometerte con esto. No toques ese dinero, es tu reserva de emergencia. Ahora, si puedes comprometerte a ahorrar más, hazlo. Empecé con mil, luego cinco mil y aumenté según fuera necesario.

Entonces, durante mi tiempo en esta estación de servicio, establecí y logré los siguientes objetivos: ascendí a Oficial de Tercera en dos años, me convertí en ciudadana estadounidense y comencé a tomar una clase universitaria a la vez. Logré los tres objetivos y llegó el momento de mi próxima estación de servicio en Hawái.

CAPÍTULO 3

ENFOCADA

Aunque mi estación de servicio estaba en la Bahía de Kaneohe, Hawái, tuve que desplegarme durante seis meses a Misawa, Japón. Japón era hermoso y, debido a mi mentalidad de escasez, no quería gastar dinero. Realmente no pude disfrutar mucho del hermoso país y su cultura. Para colmo, también teníamos restricciones debido a los eventos del 11 de septiembre de 2001. En esta estación de servicio, solicité permiso para inscribirme en la escuela y comencé a usar la asistencia educativa de la Marina para tomar una clase universitaria a la vez. Ese fue mi objetivo principal cuando me uní a la Marina, así que mi enfoque y energía estaban en ese objetivo. Nuestro horario de trabajo era de doce horas, doce horas libres. En mi tiempo libre, caminaba en el frío helado abrigada con mi abrigo y me dirigía hacia la escuela primaria ubicada en la base donde se llevaban a cabo mis clases. Mientras iba a la escuela, nunca pensé en mis inversiones porque mi Roth se financiaba automáticamente. En ese momento, creo que lo había aumentado a cincuenta dólares al mes desde que ascendí, en otras palabras, fui ascendida. Cuando abrí la cuenta, simplemente la configuré para deducciones automáticas y nunca miré atrás. Simplemente me dejé ser.

Lección #3: Configúralo para deducciones automáticas de tu cuenta bancaria. Estoy segura de que has escuchado la frase antes: "¡Configúralo y olvídalo!" ¡Así es! Haz lo mismo con tu Roth y/o 401k. No necesitas ser un genio para hacer esto. Si no eres técnico, pídele ayuda a un amigo o familiar. Ve a la Universidad de YouTube, así que no hay excusa para decir que no puedes hacerlo. Ahora ve y automatiza tus inversiones.

Recuerdo que siempre estaba mirando mis inversiones para ver cómo iban. Pensaba constantemente: ¿Y si muero? ¿Qué va a pasar con mi dinero? No lo disfrutaré; otros lo harán. ¿Y si el mercado de valores colapsa? Créeme, tenía esas ansiedades, pero algunos miedos suelen provenir de la falta de conocimiento y otros provienen de tener amigos que me decían cosas como: "Oh, ¿por qué quieres ahorrar tanto? Vamos a morir algún día, y vas a dejar todo ese dinero ahí y nunca lo disfrutarás". Esas palabras afectarán subconscientemente tu mente, y en un momento dado quería sacar mi dinero, lo que me lleva a la Lección #4.

Lección #4: Primero, adquiere la mayor cantidad de conocimiento posible para tener una mejor comprensión de en qué te estás metiendo. Segundo, ignora a los detractores. Si tus amigos no están apoyando tus metas, déjalos. Sé que suena duro, pero como dice Les Brown, "¡Si te juntas con nueve personas quebradas, te convertirás en la décima!" Um, sí, esto es cierto. Así que ten en cuenta a quién le cuentas tus metas y aspiraciones, no todos están aplaudiendo por ti. Rodéate de personas con ideas afines que apoyen tus metas y visión.

Era verano del '03 y estábamos de vuelta en Hawái. Oh, la hermosa isla de Oahu donde siempre hace sol, con un clima perfecto y vistas encantadoras de montañas y flores, y hermosas playas de color aguamarina, pero nunca pude disfrutarlo. Viví en Hawái durante dos años y medio y pensándolo ahora, aparte de Oahu, la otra isla que pude visitar fue Maui para mi cumpleaños número 23, pero nunca visité las otras islas. Nunca hice nada divertido o aventurero durante mi tiempo allí. Realmente pensé que no podía permitírmelo, además, me inscribí de inmediato en clases en la Universidad del Pacífico de Hawái y mantuve mi enfoque en mi propósito, que era obtener ese título. Un día decidí aumentar mi contribución a Roth IRA a cien dólares al mes. Debe ser que estaba mirando mi cuenta y vi el crecimiento, así que pensé para mí misma: en el futuro, cada año que reciba un aumento, aumentaré la cantidad de inversión que hago en esta cuenta.

Lección #5: Haz esto cada vez que recibas un aumento. Aumenta cinco, diez, quince dólares al mes hasta llegar a la cantidad con la que te sientas cómodo. Cada pequeño aumento te acerca más a tu objetivo. Eventualmente, querrás maximizar ese Roth o 401k o cualquier cuenta de inversión que tengas. Los límites de contribución anuales en estas cuentas varían según el año actual, así que asegúrate de verificarlo.

Ese mismo año, empecé a salir con alguien que trabajaba en mi mismo comando. Era un tripulante de la Marina. Lo conocí por primera vez en el año 2000 en Florida, pero comenzamos nuestra amistad/relación en Hawái. Siempre hablábamos en el trabajo cada vez que nos cruzábamos. Yo era mecánica de aeronaves, así que solo nos veíamos cuando él o yo estábamos de servicio. Estaba emocionada de que tuviera mi misma edad y rango, y nos llevábamos muy bien. Me pidió que fuera su novia en el McDonald's de la base. ¡Oh, qué romántico, ¿verdad?! Pero era bastante lindo en mis veintitantos.

Un par de meses después, llegó el momento de desplegarnos nuevamente. No pude ir y tuve que quedarme atrás porque desarrollé vasos sanguíneos anormales en mi ojo derecho, lo que causó una fuga similar a la degeneración macular húmeda pero no relacionada con la edad. Esto sucedió de repente, y necesitaba inyecciones y un tratamiento láser. Para mi sorpresa, también estaba embarazada. Mi novio se fue de despliegue, y yo me quedé.

Me tambaleaba hacia mis clases durante los próximos nueve meses. Un día, mientras conducía hacia la clase, agarré algo de Burger King. Cuando me acerqué a la puerta principal de la base, bajé la ventana y percibí el olor del océano, un fuerte y desagradable olor a vida marina. Quería detenerme en el lado de la carretera para vomitar. Lo aguanté, llegué a la clase, puse mi mochila en el escritorio y corrí al baño para vomitar toda la comida de Burger King. Sí, eso hice en la escuela y en el trabajo durante mi embarazo. Ahora que tenía a un pequeño ser humano en mi vientre, estaba aún más decidida a terminar esa carrera. ¡Fui a por todas!

El 18 de febrero de 2005, di a luz a mi princesa. Ese fue uno de los días más felices y aterradores de mi vida. Sí, aterrador también porque era una nueva mamá y madre soltera, para mejorarlo aún más, sí, dije mejorarlo, sarcásticamente hablando, ya que no funcionó con su papá.

Tenía mi presentación final para mi clase de marketing programada para la semana después de dar a luz a mi hija. Fui a la clase con los

pies y la cara hinchados y di mi presentación. Hey, una mujer tiene
que hacer lo que tiene que hacer. Terminé graduándome en junio
de '05 con mi título de Asociada en Marketing con honores. Me
llevó cinco años obtener esa asociada. Ahora, con un bebé recién
nacido y sin pensión alimenticia, decidí solicitar el programa WIC
y califiqué para él, ya que el salario militar estaba por debajo del
nivel de ingresos calificativos. Hasta el día de hoy, estoy verdaderamente agradecida por este tipo de programas que ayudan a las
madres solteras. En abril, tuve que decidir si quería quedarme en
Hawái o ir a una estación de servicio diferente.

*Lección #6: No tengas miedo de pedir ayuda. Está bien. So-
mos humanos y a veces la vida sucede, y necesitamos un poco
de ayuda para salir adelante. Ya sea a través de programas
gubernamentales o con la ayuda de familiares y amigos, está
bien pedir ayuda. Tuve la suerte de contar con el apoyo de mi
madre y mis hermanas para cuidar a mi hija mientras servía
en la Marina. Además, si una relación no te está sirviendo,
déjala. Una cosa sobre mí es que no ruego a nadie que me ame.
Recuerda que las personas que te aman querrán estar contigo
incondicionalmente.*

CAPÍTULO 4

No Woman No Cry

Nombro este capítulo "No Woman No Cry" porque eso es exactamente lo que hice todo el año durante mi asignación en Maine. Lloré mucho. Me sentía sola y deprimida. Era una mujer soltera con una bendición en forma de hija, pero nunca quise que esa fuera mi vida. Quería tener una familia, criar a mi hija con su padre para que no experimentara una vida sin padre, pero tuve que enfrentar la realidad y mantenerme fuerte por mi hija. Terminé alquilando una casa grande, y qué gran error fue.

Primero, Maine ya es muy aislado, y en Topsham, aún peor. Maine está lleno de hermosas vistas de la naturaleza. El aire era fresco y refrescante. Pero había una soledad absoluta en comparación con la tropical Hawái. No verías a personas después de las 7 p.m. y las tiendas cerraban temprano. Por la gracia de Dios, no terminé haciendo algo loco viviendo tan aislada. Creo que también tenía depresión posparto, así que la soledad en Maine no ayudó.

A pesar de cómo me sentía, era hora de desplegarme. Hice todas las preparaciones para dejar a mi hija de nueve meses con mi madre en Nueva Jersey y poner todos mis muebles en almacenamiento. El per diem en El Salvador era una buena cantidad de dinero, así que ideé un plan frugal para maximizar mis ahorros. Mientras estábamos en la base, no nos permitían salir del hotel debido a un comando anterior donde 3 marineros se metieron en problemas, así que todos enfrentamos las consecuencias. Se decía que fueron a una zona roja donde se consideraba peligroso, y fueron agredidos por algunos lugareños.

En El Salvador, aproveché el tiempo para planear mi estrategia de salida de la Armada. Tomé esta decisión porque me perdí el primer cumpleaños de mi hija, su primera Navidad y sus primeros pasos. Dije en voz alta: "¡Nunca volveré a dejar a mi hija otra vez!" Comencé a ahorrar todo mi per diem. Creo que ahorré un poco más de doce mil dólares. Solo comía atún enlatado con galletas y una manzana para el almuerzo y lo mismo para la cena, y tenía un gran desayuno en el hotel. También corrí fuera de la depresión. Corría milla tras milla bajo el ardiente sol, desde el hangar de aeronaves hasta la puerta principal, y luego volvía corriendo. Perdí mucho peso ese verano. Finalmente me deshice de ese peso de embarazo.

Tuve la suerte de tener la opción de abandonar el despliegue un mes antes. Conduje 6 horas hasta Nueva Jersey para recoger a mi hija, y cuando me vio por primera vez, corrió lejos de mí y llamó a "¡Mamá!" pero no era yo, llamaba a su abuela. ¡Cuatro meses! Le llevó cuatro meses para olvidarme. Inmediatamente rompí a llorar. No podía creer que mi bebé me olvidara tan rápido. Esa fue mi epifanía de que tenía que poner fin a mi tiempo en el ejército. Las decisiones vienen con incertidumbres, y tuve que enfrentar nuevos desafíos. No tenía lugar para vivir, sin trabajo, un préstamo para el automóvil, facturas y una niña de catorce meses.

Lección #7: ¡Prioriza tu salud mental! Pensé que sentir este sentido de abrumamiento era normal. No recuerdo que alguien me ofreciera información sobre cómo tratar la depresión posparto, y lidié con eso por mi cuenta. Nunca me preguntaron en el departamento médico cómo me sentía ni recibí ningún apoyo adicional después de dar a luz. Si te identificas, busca ayuda médica o profesional, especialmente si sientes la necesidad de hacerte daño o necesitas hablar con alguien. No hay vergüenza en pedir ayuda. Además, sé amable y empático con los demás. No conoces su situación ni lo que están pasando.

Antes de dejar la Marina, tuve que averiguar dónde iba a vivir. Mi madre vivía en una casa móvil doble con mi padrastro y tres hermanas, así que no había espacio para mí, mi hija y mis pertenencias, que llenaban una casa de dos pisos. Afortunadamente, al otro lado de la calle del parque de casas móviles de mi madre, había otro parque de casas móviles. Fui a ver la zona y vi una casa móvil en venta por trece mil dólares. Llamé de inmediato al agente de bienes raíces que estaba en el letrero de venta, y nos encontramos. Le pedí al agente del vendedor que le dijera al vendedor que tenía siete mil dólares en efectivo. (Lo enfaticé. Creo que lo aprendí de alguien que dijo que para que alguien venda más barato, siempre ofrece efectivo y haz hincapié en ello). ¿Y adivina qué? Sí, el vendedor estuvo de acuerdo, y compré la casa por siete mil dólares. Estaba tan aliviada de que finalmente tenía un lugar para vivir. Era una casa móvil de dos dormitorios. Necesitaba algo de amor y cuidado, pero eso estaba bien. Para mí, era temporal hasta que pudiera organizar mi vida.

Cuando les cuento a las personas que viví en una casa móvil, siempre me preguntan: "¿Por qué no solicitaste vivienda de bajos ingresos?" Bueno, si no tienes trabajo, ni siquiera calificas para eso. En 2006, con bajos ingresos estarías pagando un alquiler de ochocientos a novecientos cincuenta dólares al mes. No podía permitirme pagar esto más otras facturas. Después de que termina tu servicio militar, se acabó. Debes descubrir qué hacer por ti mismo, al menos así fue para mí. Antes, la Marina simplemente te daba de baja y ya está. Ahora el sistema es mucho mejor para los veteranos, pero yo no fui tan afortunada.

> *Lección #8: ¿Conoces ese dicho, "Cuando la vida te da limones, haz limonada"? Bueno, eso es exactamente lo que hice. La mayoría de las personas que conozco nunca vivirían en un parque de casas móviles, pero vivir en esa casa móvil fue mi palanca. Aproveché esa oportunidad para ahorrar y cuidar de lo que vendría después.*

Llegó el día en que recibí mi envío de mudanza desde la instalación de almacenamiento. La empresa de mudanzas vino y prácticamente llenó mi casa móvil de un solo ancho con cajas. Fue abrumador. No sabía por dónde empezar porque no podíamos caminar dentro, solo en la cocina. Mi hermana y yo comenzamos a abrir cajas y clasificar cosas. No recuerdo exactamente cuánto tiempo nos llevó deshacernos de cada caja, pero debieron ser al menos dos semanas. Regalé mi cama queen y juego de patio a un amigo y su esposa. Pensándolo ahora, no vendí nada, pero supongo que no quería molestarme con la venta. Solo quería vaciar mi casa.

Comencé pagando $348 al mes de alquiler, que cubría agua y alcantarillado más el alquiler del terreno. Eso me ayudó mucho porque no puedes vencer pagar tanto por el alquiler en Nueva Jersey. La oficina de desempleo me calificó para recibir $530 dólares a la semana destinados a mi préstamo de auto, alquiler y servicios públicos, alimentos, fórmula para bebés, pañales, gas y otras facturas. No era suficiente dinero para vivir cómodamente, y necesitaba arreglar la casa móvil porque no estaba en las mejores condiciones. Tuve que arrancar los pisos y reemplazarlos, repintar, rediseñar la cocina porque era antigua y asquerosa, pero el hecho de tener mi propio lugar me mantenía en marcha. Terminé acumulando trece mil dólares en mi tarjeta de crédito. Así que ahora tenía esa factura de crédito para agregar a mi lista anterior.

Todo el peso que perdí en El Salvador lo recuperé y más. El estrés y la ansiedad eran altos. Lloraba, tratando de descubrir qué diablos iba a hacer. Me decía a mí misma: "Necesito un trabajo. No puedo quedarme aquí otro seis meses cobrando el desempleo y no hacer nada".

Entonces, le pedí ayuda a mi tía (ex esposa de mi tío) para conseguir trabajo en la empresa de cosméticos donde ella trabajaba.

Fui a la entrevista y me ofrecieron doce dólares por hora como líder de línea. Miré al gerente de contratación como si estuviera loco y me levanté diciendo: "No creo que este puesto sea para mí. No puedo comprar pañales ganando doce dólares por hora. Busco ganar un mínimo de dieciséis dólares por hora. Tengo un título de asociado y seis años de experiencia militar".

Así que salí y me fui a casa. Puede que estés pensando que dieciséis dólares no son mucho. No me importaba. Necesitaba un trabajo y dieciséis dólares me parecían bien en ese momento. Al día siguiente, recibí una llamada de un supervisor de la misma empresa que me ofreció un puesto de oficina por dieciséis dólares por hora, así que acepté.

> *Lección #9: Conoce tu valía. En ese momento, quería ganar dieciséis dólares por hora, así que no iba a aceptar nada menos. Ten una imagen clara de lo que quieres y mantente firme, sin desviaciones permitidas.*

CAPÍTULO 5

¿ANUALIDAD, QUÉ ES ESO?

C omencé a trabajar en esa empresa de cosméticos en otoño
de 2006. Tenía veintiséis años. Me gustaba mucho trabajar
en esa empresa porque tenía un trabajo de oficina, lo cual era lo
opuesto a lo que había conocido en los últimos seis años, trabajando al aire libre bajo la lluvia o la nieve, siempre sucia en overoles.
Además, recibía cosméticos gratis. ¿A qué mujer no le gustan los
cosméticos gratis?

Esta fue la primera vez que me presentaron el plan 401k. Tomé
toda la información que Recursos Humanos me dio sobre mis
beneficios y la leí para tratar de entenderla. Esta empresa ofrecía
una coincidencia, así que simplemente invertí en la coincidencia
porque era todo lo que podía permitirme. Así que ahora tenía
un Roth existente que estaba en piloto automático comprando y
manteniendo desde los veintidós años, y ahora un 401k. Me sentía
muy orgullosa de mí misma. Desafortunadamente, aún era muy
ingenua e ignorante sobre la inversión, y no tenía idea de dónde
iba ese dinero.

Lamentablemente, aún era muy ingenua e ignorante sobre las inversiones y no tenía idea de dónde se estaba invirtiendo ese dinero.

Quería orientación de un asesor financiero profesional, así que llamé a USAA, y tenían un programa llamado "Managed Portfolio" que te cobra un uno por ciento para que alguien gestione tu dinero.

El gestor de cartera me sugirió que tomara diez mil dólares de mi Roth e invirtiera en una anualidad. Señor, no tenía ni idea de qué demonios era una anualidad. Fui con su explicación: "No quieres poner todos tus huevos en una sola canasta". Así que le di el visto bueno. No podía retirar el dinero durante los próximos siete años y al final de este plazo, obtendría un rendimiento mediocre. Creo que era un dos por ciento, quizás menos.

Lección #10: Lee, lee, lee. Tus profesores te dirían que leas y aprendas matemáticas porque las necesitarás. Tenían razón. Necesitas leer todo para que puedas entender en lo que te estás metiendo, especialmente cuando se trata de un documento legal o algo financiero. Si no entiendes, contrata a alguien que pueda explicarte las cosas en términos sencillos. De lo contrario, tendrás que acudir al asesor financiero de tu banco y confiar en que están haciendo lo correcto para ti. Nunca habría sacado dinero de mi Roth e invertido en una anualidad si supiera entonces lo que sé ahora. Un uno por ciento es mucho dinero, especialmente cuando se trata de una gran cantidad. El conocimiento es poder, así que si te esfuerzas en educarte sobre inversiones, no necesitarás pagar un uno por ciento para que gestionen tu dinero. Puedes gestionarlo tú mismo.

CAPÍTULO 6

BUEN VIEJO 2008

Mientras estaba sentada en mi sofá grande, con mi laptop Sony VAIO, mirando mi Roth IRA y 401k, me quedé mirando el gráfico de historial de mi cartera porque había perdido más de cuarenta y cinco mil dólares, y mi corazón empezó a latir rápido. Casi entré en modo pánico completo. Era el año 2008 y en todas partes solo se escuchaba en las noticias y entre la gente hablar sobre hipotecas basura y precios de las viviendas cayendo en cantidades ridículas. Como resultado, había ejecuciones hipotecarias y ventas cortas en todo Estados Unidos. También se hablaba mucho de que el Dow Jones había caído cientos de puntos. ¿Qué diablos era el Dow? No tenía idea.

Solo sabía que la pequeña línea del gráfico en mi cuenta de inversión de USAA estaba muy baja y que había perdido miles de dólares invertidos con esfuerzo. ¡Oh, la ansiedad creció en mí con la incertidumbre de si el mercado iba a colapsar por completo y perdería todo mi dinero!

Estaba lidiando con la decisión de hacer lo que todos hacen en esos momentos, que es vender todo y quedarse con lo que queda. Pero me alegra no haberlo hecho. Algo dentro de mí me decía que no vendiera y que no entrara en pánico, que esto era temporal. Me alegra haber escuchado esa voz interior porque no estaría escribiendo este libro si lo hubiera hecho.

Lección #11: No temas cuando el mercado de valores está bajo o durante épocas de incertidumbre. Está bien. Sigue comprando y manteniendo. Momentos como estos son tu mejor amigo porque estás comprando en los niveles más bajos y, según datos históricos, el mercado de valores siempre se recupera. Si estás entre tus veinte y treinta años, el tiempo es tu mejor amigo. Los libros de Tony Robbins, "Money Master the Game" y "Unshakeable", profundizan en la psicología y los miedos del mercado. Te animo a echarles un vistazo. Consigue una versión audible de "Money Master the Game" porque es un monstruo de seiscientas páginas. Puede que prefieras escucharlo en lugar de leerlo.

Durante este tiempo, me topé con los "baby steps" (pasos del bebé) de Dave Ramsey. Leí sobre sus baby steps y pensé para mí misma: "Espera un minuto, he estado siguiendo estos baby steps desde que tenía veintiuno. ¿Recuerdas cuando vivía de cheque a cheque? Ahorré mil dólares inicialmente, luego tuve un fondo de emergencia." Dave dice que calcules tus gastos y uses eso para ahorrar para tu fondo de emergencia. Yo ya lo había hecho también. Estoy de acuerdo con Dave, alinear tus números según tus gastos mensuales para asegurarte de tenerlos cubiertos, pero cuanto más ahorres, mejor.

Creo que estaba en el paso número cuatro de los baby steps: invertir el quince por ciento de tus ingresos familiares en jubilación y el paso cinco: pagar tu casa temprano alrededor de este tiempo. Me salté el paso cinco porque no estaba pensando en ahorrar dinero para la educación de mi hija en ese momento. Nuevamente, esto se debió a la falta de conocimiento y desinformación.

Intenté aprender más sobre los fondos mutuos porque Dave Ramsey seguía diciendo que invirtiera en un fondo mutuo, y así lo hice. Pero una vez más, no tenía ni idea de cómo leer el prospecto de un fondo mutuo. (Un prospecto es el documento que tiene las tarifas y otra información importante sobre el fondo en el que estás invirtiendo). Seguí invirtiendo en varios fondos mutuos sin educarme sobre lo que eran. Recuerdo cuando el personal de Recursos Humanos me entregaba un papel que enumeraba todos los fondos disponibles para invertir, y me decían que asignara mi dinero a los fondos que quisiera. Sin saber mucho, simplemente distribuí porcentajes por todas partes. Pero cuando lo pienso, perdí mucho dinero debido a la ignorancia y, por supuesto, no tenía a nadie que me enseñara estas cosas. Intentaba preguntar al personal de Recursos Humanos, y o bien me ignoraban, me respondían con una actitud o me decían que leyera. Intenté leer los documentos, pero esto era como leer un manuscrito de otro planeta. ¿Qué diablos es la tasa de gastos? ¿Prospecto qué? Me rendía y simplemente dejaba mis inversiones como estaban.

CAPÍTULO 7

PRIMERA REESTRATEGIA

Los años 2006 a 2008 fueron los años más ocupados de mi vida. Estaba haciendo malabares con un trabajo a tiempo completo, la universidad a tiempo completo y ser mamá a tiempo completo. Hubo un momento en el que quería renunciar. Entré en la oficina de mi asesora universitaria y le dije que estaba lista para renunciar. Ella me sentó y me dio algunas opciones, y renunciar no fue una de ellas. Tuve la suerte de tener profesores que me permitían llevar a mi hija a clase. Me quedaba despierta toda la noche y me quedaba dormida en mi laptop trabajando en trabajos de investigación o tomando exámenes para mis clases híbridas. Todo el sacrificio valió la pena; por la gracia de Dios, pude obtener mi Licenciatura enAdministración Técnica en 2008.

Después de graduarme, decidí que era hora de pedir más dinero en la empresa de cosméticos. Busqué en Google, "Cómo pedir más dinero en el trabajo". Así que seguí las pautas del blog: presenté mi caso al director del departamento y pedí un aumento de un dólar o un salario de cuarenta y cinco mil dólares, pero mi solicitud fue rechazada, y me dijeron que ese salario era para un supervisor. ¿Estás bromeando? ¿Un mísero dólar más? Afortunadamente,

Dios siempre me ayudaba, y recibí una llamada del centro de carreras de DeVry que había una posición disponible para un analista de negocios junior ubicado en Princeton.

¡Estaba extasiada! Recuerdo estar sentada en mi auto durante mi hora de almuerzo practicando mis habilidades de entrevista, mirándome en el espejo y simulando mis propias entrevistas ficticias. Durante la llamada, el gerente de contratación preguntó sobre la agrupación, bueno, se refería a los pagos. Lo más loco es que pude relacionar la agrupación de lápiz labial con la agrupación de pagos. De alguna manera, pasé la entrevista telefónica y la presencial, y me contrataron. Por supuesto, negocié mi salario, y conseguí tres mil dólares más que la oferta inicial.

Se sintió tan bien entregar mi renuncia. Estaba entrando en un mundo que cambiaría para siempre mi vida.

Lección #12: Esta lección se alinea con la Lección #9: ¡NEGOCIA tu salario! ¿Cómo más vas a maximizarlo? ¿Aceptando el primer número que te ofrece el gerente de contratación? ¡De ninguna manera! Construye esa confianza. Sabes que eres genial. Puedes hacer ese trabajo. Sabes que trabajarás súper duro para la empresa una vez que te contraten, ¿entonces por qué no recibir lo que vales? Más dinero significa que podrás invertir más y darte más caprichos, ¡así que hazlo! No tengas miedo de negociar. He entrenado a hombres y mujeres para que siempre negocien. Negocia tiempo personal, dinero, acciones.

Gracias a la Universidad DeVry, pude dar mis primeros pasos en el espacio de FinTech (Tecnología Financiera). Comencé como analista de negocios junior trabajando en la configuración e implementación de facturadores en el sistema de facturación de la empresa, entre otras responsabilidades. Aprendí el sistema muy rápido. Tenía hambre de éxito y urgencia por ganar más dinero debido a mis condiciones de vida.

Desarrollé una amistad con un gerente de proyecto en esta empresa. Me dijo que no pusiera demasiado énfasis en ser veterana en el sector privado, que a los civiles no les importa el ejército. Me sorprendió, pero seguí su consejo. Vio que tenía muchas preguntas sobre el sistema y el trabajo que estaba haciendo. Me dijo que hablara con Joanie, que ella era la persona indicada en la empresa.

Creé una lista de preguntas y programé una reunión individual con ella. Esta mujer era un genio. Retenía tanta información y sabía cómo expresarla como si fueran las ABC. Me preguntó: "¿Cuánto tiempo llevas trabajando aquí?". "Solo un mes", dije. "Sabes más que las personas que han estado trabajando aquí durante años", dijo ella. Incluso envió un correo electrónico a mi gerente y le dijo lo mismo.

Todavía conservo ese correo electrónico hasta el día de hoy. Me sentí orgullosa de mí misma. A partir de ese momento, supe que podía hacer casi cualquier cosa.

Un día, recibí una carta de mi empleador anterior en la que me informaban que tenía algunas opciones que podía hacer con mi antiguo 401k: podía dejarlo allí, o podía transferirlo a un Rollover IRA. Gracias a Google, leí todo sobre un Rollover IRA, así que procedí a hacer los trámites. Este proceso es molesto, pero me alegra haberlo hecho. Tenía inversiones en tres firmas de corretaje diferentes: Vanguard, Fidelity y USAA. Era abrumador hacer un seguimiento y mantenerse al día, así que decidí poner todo en un solo lugar. Elegí USAA (Asociación de Automóviles de Servicios Unidos).

Lección #13: Consolida todos tus 401k. Chicos y chicas, dejen de ser perezosos y transfieran esos 401k, especialmente si han tenido varios trabajos. Digo "perezosos" porque conozco a mucha gente que no quiere pasar por el proceso de consolidación. Sé que los trámites pueden ser tediosos, pero demonios, se siente bien tener todo tu dinero en un solo lugar. Elijan Vanguard o Fidelity, abran un Rollover IRA y, una vez que tengan esa cuenta abierta, obtengan los documentos de transferencia de su empresa y transfieran los fondos. Personalmente, encuentro que Fidelity es más fácil de usar y ofrecen transferencias electrónicas, así que no hay excusa, y la mejor parte es que puedes ver los gráficos de tu dinero mientras crece. ¡Hazlo!

Mientras trabajaba en la nueva empresa, decidí maximizar las contribuciones a mi Roth IRA, que eran cinco mil dólares al año, y contribuí hasta la cantidad equivalente en mi 401k. Empecé a escuchar Audibles. El primer libro fue "The Automatic Millionaire" de David Bach. El libro fue bueno, y estaba haciendo exactamente lo que él sugería años atrás, que era debitar automáticamente el dinero de tu cuenta e invertirlo en tu Roth IRA y otras inversiones. Debería haber escrito un libro en ese momento, pero supongo que aún no estaba lista. Mi amor por los libros de mejora personal creció a partir de ese momento en adelante.

CAPÍTULO 8

IGNORADA Y ASUSTADA

No voy a mentir, soy una persona muy humilde. Sin embargo, vivir en una casa móvil tiene sus ventajas y desventajas. Aunque pude ahorrar dinero y pagar muchas de mis deudas, hubo algunas desventajas sociales y emocionales al vivir en un parque de casas móviles.

Déjame contarte sobre la vez que fui ignorada, algo que nunca antes me había pasado. Salí a bailar música latina una noche, y mis ojos se encontraron con un chico realmente guapo, automáticamente me sentí atraída por él. Intercambiamos números y comenzamos a enviar mensajes de texto y hablar por teléfono. Me dijo que estaba estudiando para ser dentista, que tenía mucho respeto por las madres solteras ya que su madre también lo era. Bueno, me invitó a salir. Acepté, y nos encontramos en un bar local de deportes

Después de la cita, él condujo para mostrarme la casa donde vivía su tío y habló de su plan de tener una casa grande. Estaba oscureciendo, así que me llevó de vuelta a mi casa. Quería ver mi casa móvil, pero en el fondo de mi cabeza, me sentía un poco insegura porque no estaba segura de qué pensaría de mí si veía dónde vivía.

Estaba yendo a la escuela y tenía un buen trabajo con un salario mejor que antes, y sabía que esa casa móvil era temporal. Pensé para mí misma: "Bueno, él parece humilde y habló mucho sobre cómo respetaba a las madres solteras, ¿por qué no? Le dejaré ver dónde vivo". Llegamos a mi casa. Abrí la puerta, pero mi hermana y mi hija estaban durmiendo en la sala, así que no entramos.

Nos abrazamos, él dijo que me llamaría o me enviaría un mensaje de texto, y se fue. La semana siguiente, no supe nada de él. Le mandé mensajes de texto, llamé y envié correos electrónicos, y nada. ¿Me ignoró? ¿Por qué? Luego pensé: "Oh, me discriminó por donde vivo. Espera, ¿tal vez pensó que era una cazafortunas?" Nunca volví a saber de él. No voy a mentir, eso dolió como el infierno. Dolió porque deseaba poder vivir en un lugar mejor, pero eso era todo lo que podía pagar en ese momento. Podría haber sido simplemente que no le interesaba, pero en mi cabeza, fue porque vivía en una casa móvil, así que eso quedó grabado en mi subconsciente. Lo tomé como otra lección para crecer.

> *Lección #14: Ignorar es la forma cobarde de decir, "No somos compatibles" o "No hay conexión". En este caso, realmente creo que se desencantó al ver mi casa móvil. Independientemente de sus razones, ser ignorado no debe tomarse personalmente. Ser ignorado debería alimentar tu deseo de hacer un cambio. Convierti esa experiencia negativa en una positiva, para cambiar el enfoque y ahorrar para un condominio o casa.*

Esta próxima experiencia añadió más leña al fuego. Un día de invierno, mi hija y yo nos estábamos preparando para dormir. Escuchamos ruidos de arañazos, maullidos y siseos provenientes de las rejillas de calefacción en nuestra casa móvil. Pensé que había gatos en las rejillas, pero no, eran zarigüeyas. Aparentemente, las faldas de la casa tenían áreas donde los animales salvajes entraban en busca de calor durante los crudos inviernos de Nueva Jersey.

Mi hija empezó a temblar y gritar: "¡Quiero ir a la casa de Guita! ¡Quiero ir a la casa de Guita!" "Guita" para ella significaba "abuela" en español. Nunca había visto a mi hija temblar así. Tenía tanto miedo en sus ojos que me hizo empacar y nos fuimos a la casa móvil de mi mamá al otro lado de la carretera.

Lloré esa noche y pensé: *"Soy una madre terrible. ¿Cómo puedo seguir viviendo aquí? Mi hija está a punto de empezar la escuela y la van a molestar los niños ricos de la zona. Necesito hacer algo al respecto".*

Recuerdo algo que mi hermana Jennifer me dijo: "Brenda, es tan vergonzoso bajarse del autobús. Esos niños que viven en esas casas lujosas gritan desde la ventana: '¡Vives en una lata de refresco!' O ¡Eres basura de remolque!' Necesitas conseguir una casa o un apartamento para que no la molesten".

Sus palabras me impactaron, así que empecé a ahorrar tanto dinero como fuera posible para comprar una casa. No fui de vacaciones durante los próximos años hasta que pagué todas mis deudas. También planeaba ahorrar un mínimo de cinco mil dólares y vender mi casa móvil por seis mil dólares. Hice de esto mi enfoque principal, y con cada reembolso de impuestos, pagaría mis deudas, dividiría mi reembolso para las vacaciones y la otra mitad pagaría deudas. Dependiendo de la meta, dividiría a la mitad o simplemente lo pagaré todo con el reembolso completo. Cualquier bono del trabajo, lo dirigía hacia la deuda y luego hacia los ahorros.

Cuando se trata de deudas, mi pensamiento es que si lo debes, págalo y elimínalo de tu lista de pendientes primero.

> *Lección #15: Al pagar deudas como tarjetas de crédito y préstamos, aborda primero los que tengan la menor cantidad, luego el que tenga la tasa de interés anual más alta. Esto es lo que personalmente hago y el consejo que doy a mis mentees. Mira el ejemplo a continuación:*

Tipo de Deuda	Monto adeudado	Tasa de Interés Anual	Rango
Visa	$500.00	18%	Primero
American Express	$5500.00	12%	Segundo
Préstamo de auto	$28,900	3.99%	Tercero
Hipoteca	$250,000	6%	Cuarto

Eventualmente, pagué todas mis deudas. Hoy en día, llamo a la deuda "inversiones". Es algo psicológico para mí. "Deuda" suena más negativo, como si estuviera ahogándome en deudas, así que de ahora en adelante, llámalas "inversiones". Las inversiones suenan más positivas porque todo lo que compraste con ese dinero, lo invertiste en ti mismo. Mi inversión con tarjeta de crédito se usó para arreglar esa casa móvil, pagar libros y, sí, darme algún que otro gusto.

Ahora era el momento de empezar a vender mi casa móvil, y mi primer pensamiento fue: "esto va a ser desafiante". ¿Quién compraría una casa móvil? Quiero decir, yo sí, pero la mayoría de la gente tiene una idea equivocada sobre las casas móviles. Conocía a una pareja que tenía dos hijos y técnicamente estaban sin hogar. Se quedaban en hoteles, así que le dije a un amigo que les informara que les vendería la casa móvil por cinco mil dólares. Su respuesta fue que nunca vivirían en un parque de casas móviles. Dijeron: "No con esa clase de personas".

No podía creer lo que estaba escuchando. Quiero decir, no tenían dónde vivir con sus dos hijos. El parque de casas móviles tenía dos hermosos parques infantiles donde mi hija jugaba. Mis vecinos eran amables y simplemente personas agradables y humildes.

Esa fue la desventaja de vivir en una casa móvil: el estigma social y la discriminación. Me sentí muy ofendida. Bueno, unos meses después, la vendí a una joven pareja recién casada por el mismo precio.

Lección #16: Sé humilde y mantente humilde a lo largo de tu viaje en la vida. ¿Recuerdas a la pareja que rechazó la oferta de comprar mi casa móvil? Bueno, esa familia se desmoronó, los niños fueron enviados a sus abuelas después de que la esposa falleció.

CAPÍTULO 9

¡HABLA!

Antes de vender la casa móvil y comprar una nueva casa, estaba en el proceso de cambiar de trabajo. También me encontraba atrapada en la burocracia laboral, una guerra departamental que me hacía llorar cada vez que llegaba a casa. Mi compañero de trabajo (el veterano del ejército) intentó varias veces que me uniera a su departamento de gestión de proyectos, pero mi gerente me bloqueó la contratación, alguien me dijo que esa fue la razón por la que no fui seleccionada. Unos meses después, intenté postularme para un puesto de aseguramiento de calidad. El gerente de QA y yo construimos una gran relación, y quería contratarme, pero una vez más, me dijeron que mi gerente lo había bloqueado. Me sentí terrible. ¿Por qué yo? ¿Cómo espera una empresa que te quedes cuando no hay crecimiento? Lo aguanté y simplemente seguí haciendo un trabajo excelente en mi posición actual y siendo paciente.

Tuvimos una reunión general. El vicepresidente hizo una pregunta, y yo tenía mi libro de reglas. Decidí levantar la mano y responder la pregunta. Más tarde ese día, mi gerente me llamó a la oficina para decirme que él me había elegido para liderar un proyecto de migración. Me sorprendió mucho, ya que era la recién llegada, técnicamente, incluso con un año y medio en la empresa. Estaba un poco escéptica al respecto, pero hago lo que me dicen (proveniente de una mentalidad militar).

Fue un infierno en la tierra durante uno o dos meses. Mi gerente me preguntaba sobre la carga de trabajo de este nuevo equipo porque no veía que se hiciera ningún trabajo. Luego le preguntaba al gerente de proyectos a cargo de ese equipo cuándo recibiría trabajo porque mi gerente seguía preguntando. Él me dijo que no me preocupara por eso, que me habían asignado a ese equipo. Esto continuó y continuó. Estaba tan estresada, y empezó a afectarme.

Para empeorar las cosas, estábamos atravesando una adquisición, y el nuevo CTO me pidió que me sentara en un grupo para colaborar en una sesión de preguntas y respuestas para que pudiera entender los procesos de todos los equipos. Mi gerente me envió un correo electrónico para decirme que el equipo me valoraba sin agendas ocultas y que mi rendimiento se vería afectado si no divulgaba todas mis reuniones con el CTO.

Sentí que mi estómago se hundía, como si alguien me hubiera golpeado fuerte en el estómago. ¿Por qué me diría esto? ¿Quiere que le informe cada vez que me reúna con el CTO? Pero él sabe dónde nos encontramos. ¿Por qué no puede ir él mismo? Esos fueron mis pensamientos. Lloré ese día. No estaba segura de qué hacer. Mi supervisor quería disolver este nuevo equipo, luego el superior quería enviarme ese desagradable correo electrónico.

Ya no podía más. Estaba lista para renunciar, así que entré en la oficina del vicepresidente y simplemente me desahogué. "Soy madre soltera. Solo quiero hacer mi trabajo, que me paguen y volver a casa. No sé quién me eligió para estar en este equipo, pero no lo quiero si me van a estresar". Le conté cómo me hacían ir de un lado a otro con mi jefe y el jefe de PMO, y para colmo, recibí un correo electrónico de mi director senior diciendo que mi rendimiento se vería afectado si tenía reuniones secretas.

Cuando le conté eso, se le cayó la mandíbula de incredulidad. Me pidió que le enviara ese correo electrónico y que lo estaba haciendo muy bien, que no me preocupara, que mi correo electrónico era la guinda del pastel para el caso que ya tenían contra el director. ¡Dios mío, qué he hecho! Pensé. Seguro que me van a despedir ahora.

Unas semanas después, mientras trabajaba, escuchamos a nuestro director haciendo ruidos guturales y diciendo: "Me pidieron ir a Recursos Humanos".

Uno de mis compañeros bromeó: "¿Te están despidiendo?"

Mi estómago se hundió nuevamente. Me sentí muy mal. No estaba segura de lo que estaba pasando hasta una hora después cuando escuchamos que el llavero ya no funcionaba. Golpeó la puerta, y lo dejamos entrar.

Sí, acababan de despedirlo. Me sentí culpable y, en ese momento, aliviada de que ya no habría más Jefe Tirano. Once años después, descubrí que él había hecho lo mismo con todos sus empleados, por eso tenían un caso en su contra. Esto me dio cierre y validación de que hice lo correcto al hablar.

Lección #17: ¡Habla! Bocas cerradas no son alimentadas. Ser veterano con entrenamiento militar a veces nos limita. Solía nunca hablar con mis líderes. Tenemos que hacer lo que se nos dice o enfrentar castigos. Esta condición comenzó en el campamento de entrenamiento. Olvídate de la política de puertas abiertas; eso no estaba permitido. Enfrentarías buenos gritos y quién sabe qué más. Al menos, así era durante mi tiempo en el ejercito. Además, viniendo de una familia que inculcaría en la mente de nuestros hijos: "No te metas en conversaciones de adultos. ¿Quién eres para hablar?" seguido de una buena paliza. Sí, nunca hablaba. ¡Habla incluso antes de llegar a un punto de quiebre, sin importar las consecuencias. Simplemente habla!

Se presentó una nueva oportunidad laboral. Mi compañero, Miles, me preguntó si quería entrevistarme para un puesto de gerente de proyecto en otra empresa. ¡Le di un rotundo "SÍ!" En la entrevista, el gerente de contratación me hizo algunas preguntas muy profundas. A pesar de tener poca experiencia en gestión de proyectos, lo cual había revelado, me dijeron que no me fue bien en la entrevista como gerente de proyectos, pero que me darían la oportunidad de empezar como coordinador de proyectos y me pagarían un salario de cincuenta y dos mil dólares.

Sentí que mis entrañas hervían, pero decliné respetuosamente y dije: "Me temo que eso es menos que un cambio lateral para mí".

"Bueno, aún quiero que trabajes con nosotros", dijo el gerente de contratación. "Quizás estés interesada en el análisis de negocios".

Mis ojos se iluminaron porque ya estaba haciendo trabajo de configuración y análisis; esta sería mi puerta abierta al Análisis de Negocios. Entrevisté para el puesto de analista de negocios y fui contratada. Una vez más, negocié mi salario, y me dieron tres mil dólares más de lo que originalmente pedí. ¡Qué bendición! Había aumentado mi salario un poco más de veinte mil dólares en dos años y medio. Eso fue un gran logro para mí.

Esta nueva empresa era una startup. Me entregaron una computadora portátil, y era una situación de "hundirse o nadar". Al principio, tenía un poco de miedo de que no iba a entender nada. Escuchar a mis compañeros cuando hablaban sobre el producto me hacía sentir nerviosa. ¿Qué están diciendo? Siento que estoy en otro planeta. Me asignaron un proyecto con otro compañero de trabajo que es minoría; en ese momento, solo éramos tres minorías trabajando allí. Le dije: "No te preocupes, voy a entender esto, y te lo enseñaré".

Programé una reunión con uno de los Analistas de Negocios que era muy conocedor, y lo bombardeamos con preguntas. Después de varias sesiones con diferentes compañeros de trabajo, finalmente entendí el producto hasta el punto de que ya no me sentía como una nueva residente en el planeta Marte.

Lloré varias veces en este trabajo. Hubo momentos en los que sentía que tenía que aprender todo y demostrar mi valía, mientras que otros no hacían nada. Éramos solo unos pocos los que realmente queríamos aprender, y muchas veces tenías que aprender por ti mismo porque nadie tenía la paciencia para enseñarte. Era más estresante porque tenías que enfrentarte a un cliente, y tú eras el experto, así que el cliente esperaba que pudieras responder a sus preguntas.

Un día, mientras usaba la fotocopiadora, tropecé con la carta de oferta de alguien. Para mi sorpresa, esta persona ganaba más de treinta mil dólares más que yo, mismo título pero diferentes géneros. ¡Estaba furiosa! Imagina: si no hubiera negociado mi salario, estaría ganando incluso menos dinero. Gracias al olvido de esta persona al dejar su carta atrás. Me di cuenta de que con mis conocimientos, habilidades y capacidades, podría ganar treinta mil dólares más. Guardé esta información en mi mente y seguí aprendiendo, trabajando y enfocándome en buscar casa porque mi objetivo era darle a mi hija mejores condiciones de vida.

Lección #18: Por experiencia, una forma de aumentar tu salario es cambiando de trabajo. Si tu trabajo no te está llenando, desafiando, o no te sientes valorada o apreciada, entonces cambia de trabajo. Las mujeres, especialmente, aún ganamos ochenta y tres centavos por cada dólar que gana un hombre, así que asegúrate de negociar como se dijo en la Lección #12 y cambia de trabajo si es necesario.

CAPÍTULO 10

EMPECÉ DESDE ABAJO

Nadie me dijo lo estresante que sería buscar una casa. Tomé un curso gratuito para primeros compradores de vivienda del condado en el que vivía. Como probablemente ya te hayas dado cuenta, me encanta educarme a mí misma. Me encanta aprender y conocer los pros y los contras de cualquier cosa importante en la que esté a punto de embarcarme. Investigué mucho y pasé noches en vela tratando de averiguar cómo quería que fuera mi primera casa y qué esperar como nueva propietaria. Así que escuché hablar de las casas en venta corta y pensé: si pudiera conseguir una en venta corta, la arreglaría y valdría mucho más a largo plazo. Miré varias casas unifamiliares regulares, casas adosadas y luego vinieron las ventas cortas o llamada short-sale en Ingles. Una venta corta/short-sale significa que el precio de venta de la propiedad es inferior a la cantidad adeudada en la hipoteca actual del propietario.

Durante mi búsqueda de vivienda, algunas de estas ventas cortas estaban destruidas. Una casa adosada tenía pintura salpicada por todas partes. Podía sentir la ira dejada atrás en esa casa. Otra casa tenía daños extremos en las paredes, ventanas y puertas rotas. Podía sentir la energía negativa y la decepción del propietario al perder su hogar. Esto fue durante el período de hipotecas globo de 2008 a 2011, donde la gente solo pagaba la tasa de interés de su préstamo hipotecario y no el capital de su hipoteca. Así que el capital simplemente se acumulaba, y les caía como una tonelada de ladrillos cuando descubrían cuánto debían. ¡Terrible!

¡Este es el poder de la educación! ¿Ves por qué me esfuerzo por leer y entender en qué me estoy metiendo?

Esto me lleva a contarles sobre mi primera experiencia al presentar una oferta de compra de una vivienda. Fui a ver la casa. Primero, me preocupaba qué tan lejos estaría de mi trabajo y cómo afectaría el transporte de mi hija. ¿Podría ponerla en el autobús? ¿Podría llevarla y recogerla? La casa estaba bien. Era una casa colonial de dos pisos, con un patio trasero enorme, pero no tenía valla. Durante nuestro paseo, olí a gas o algo extraño en el aire. El sótano no estaba terminado y parecía bastante oscuro y olía a humedad. Me recordó a la película "Aracnofobia", con telarañas por todas partes. Terminé haciendo una oferta esa misma tarde del viernes. Recuerdo estar acostada en la cama esa noche pensando que había cometido un error, pensando qué tan horrible era esa casa, y un olor a gas llegó a mi nariz. Juro que el cerebro es tan poderoso que me hizo saltar de la cama con el corazón latiendo y pensando, necesito retirar esa oferta. Esa casa olía a gas, y no la quiero. Imaginé que la casa tenía una fuga de gas, así que mi estómago empezó a doler y comencé a vomitar. Comencé a hiperventilar y me puse en posición fetal pensando, estoy cometiendo un gran error. No quiero esa casa. Necesito retractar esa oferta. Así que inmediatamente le envié un correo electrónico a esa agente inmobiliaria y le pedí que retirara la oferta. Mi agente me dijo que como era fin de semana, no había presentado los papeles. ¡Uf! Fue como si me hubieran arrojado un cubo de agua fría. ¡Gracias a Dios! Después de ese episodio, me sentí tan avergonzada que cambié de agente inmobiliario. Terminé contratando a April. Era una madre soltera como yo y podía entender, además, era muy amable y fácil de hablar. Para entonces, ya tenía una idea clara de qué tipo de casa quería: una casa corta de tres habitaciones. Miramos muchas hasta que encontramos una casa tipo Cape Cod de tres habitaciones y dos baños. Había ocupantes ilegales que habían entrado a la casa, así que necesitaba una nueva puerta trasera, ventanas y el patio trasero era una selva completa y un desastre, invadido por las enredaderas salvajes que se envolvían alrededor de los árboles y básicamente todo lo que tocaban. No sentí tanta ansiedad como con la primera casa, así que presenté la oferta. Era agosto de 2011, y nos golpeó uno de los peores huracanes que hemos experimentado: Irene. Devastó e inundó el Caribe y la Costa Este. Me quedaba temporalmente en el sótano de un estudio de un amigo, y todas nuestras cosas se inundaron. Elevamos mis cosas, y no dormimos toda la noche tratando de evitar que entrara el agua. Creo que todos en Nueva Jersey se inundaron ese año. Fue terrible. Quería llorar porque pensé: oh, si la casa se inundó, el banco no aprobará mi préstamo. Bueno, la inspección mostró que se había inundado pero se remedió rápidamente. Todo parecía estar bien, y el banco aprobó mi préstamo. Estaba feliz a pesar de lo que acabábamos de pasar. En doce años de vivir en esta casa, he tenido que quitar y reemplazar el calentador de agua dos veces, mi casa fue allanada y robaron todos los dispositivos electrónicos, mi sótano se inundó tres veces, la línea principal se desbordó dos veces, la bomba de sumidero en el baño del sótano se reemplazó, se instaló un desagüe francés y una bomba de sumidero en el sótano, un desagüe francés afuera, se quitaron seis árboles, el patio trasero se renovó por completo, se reemplazaron ventanas y dos puertas, se remodeló la cocina porque tenía moho negro, se arregló el aislamiento en el ático, se reemplazó la puerta del garaje y otras reparaciones pequeñas, demasiadas para mencionar. Esto fueron aproximadamente veinte a veinticinco mil dólares gastados en reparaciones. Concedido, compré la casa por ciento cuarenta mil dólares, y ahora vale aproximadamente trescientos cincuenta mil dólares, así que todavía tengo un saldo positivo en patrimonio neto. Aunque he tenido algunos dolores de cabeza, estoy contenta de haber tenido la oportunidad de comprar una casa en venta corta.

Lección #19: Comprar una venta corta or short-sale no es para los débiles de corazón. Si no estás mentalmente preparado para ser dueño de una casa que necesita arreglos, entonces no lo hagas. Las cosas comienzan a fallar de la nada, y es mejor que estés preparado para arreglarlas. El mejor consejo que puedo dar es pagar a un buen inspector de viviendas y hacer que inserten una cámara en la línea principal de alcantarillado. Revisa el sótano y el drenaje de la casa, y asegúrate de que se inspeccione el techo. Esos son algunos de los aspectos principales que revisaría en mi próxima casa. Asegúrate también de tener ese fondo de emergencia con al menos diez mil dólares ahorrados.

Para ser sincera, ser madre soltera y tratar de manejar la casa, las facturas, una carrera y la escuela no ha sido fácil. En algunos momentos, he querido rendirme. Me he sentido agotada mental, emocional y espiritualmente, pero cuando tienes un hijo, ese instinto materno se activa y sigues adelante. Dios me dio la fuerza para seguir adelante, y eso hice.

CAPÍTULO 11

SEGUNDA REESTRATEGIA

Mi viaje al trabajo era de una hora de ida y vuelta, así que en lugar de escuchar música o hablar con personas por teléfono, escuchaba audiolibros. No recuerdo cómo me encontré con el libro "Simple Path to Wealth", pero fue un cambio de juego para mí. El autor prefiere Vanguard y explica cómo invirtió con su esposa y hizo lo mismo con su hija. Este libro fue mi punto de partida para aprender sobre las tasas de gastos y cómo los fondos mutuos eran "comedores de tarifas". Inmediatamente comencé a reasignar mi dinero de los fondos mutuos a los fondos indexados. Se sentía tan bien sentirme más en control de mis propias inversiones.

También dejé de lado la Cartera Administrada de USAA. Cobraban una tarifa del uno por ciento para gestionar mi dinero, y no tenía idea de si me estaban haciendo ganar dinero o no. Cada año me llamaban para decirme que, después de las tarifas, todavía ganaba dinero. Les creí. Sin embargo, algo en mí siempre se sentía inquieto, así que tomé el asunto en mis propias manos. Un día, mientras navegaba por Instagram, encontré la página del Personal Finance Club. Jeremy Schneider era el hombre detrás de esta

página, y su información era muy educativa. Terminé viendo toda
su página de un tirón. Para entonces, ya había aprendido que los
fondos indexados son los fondos que recomiendan los inversores
más exitosos. ¿Warrant Buffett, JL Collins y ahora Jeremy? Está
bien, ¡necesito replantear mi estrategia lo antes posible!, pensé.

No estaba segura de que mis fondos estaban asignados correcta-
mente, así que le envié un mensaje directo a Jeremy con la esperanza
de que respondiera. Quería que revisara mis inversiones y sugiriera
qué ajustes necesitaba hacer. ¡Vaya! Jeremy respondió y no dudó
en pedirme la lista de mis fondos. Programamos una fecha para
hablar.

Lo primero que señaló fue la anualidad que tenía. Se preguntó por
qué había invertido en eso. Le conté sobre el gestor de fondos de
USAA que me había contado la historia de no poner todos mis
huevos en una sola canasta, así que puse diez mil dólares en una
anualidad sin saber qué era. Afortunadamente, solo me quedaban
tres meses en ese acuerdo de anualidad. Tenía que mantenerlo
durante siete años, o de lo contrario recibiría una penalización por
retiro anticipado. Creo que solo gané un poco más del dos por
ciento durante esos siete años, ¡qué estafa! Esa es la consecuencia
de ser ignorante en el mundo de las finanzas personales. También
mencionó que tenía varios fondos mutuos que tenían tarifas altas,
así que los moví a fondos indexados de bajo costo.

Tenía algunos fondos indexados, así que los dejé allí.

Después de ese día, comencé a sentirme más seguro sobre lo que
necesito tener en cuenta al elegir en qué fondos invertir. Utilizo
una hoja de cálculo de Excel para hacer lista de todos mis fondos.
Sé que hay aplicaciones como Empower, anteriormente conocida

como Personal Capital. No me gusta darles acceso a mis números de cuenta, así que prefiero hacer una lista en Excel.

> *Lección #20: Haz una lista de todas tus cuentas y fondos, todas y cada una. Puedes usar esto para ver lo que posees actualmente y dónde has invertido tu dinero, además de ver qué tarifas estás pagando en cada fondo. He incluido la lista que utilizo en Excel para hacer un seguimiento de todas mis cuentas. He modificado los datos para este ejemplo:*

Broker	Account type	Fund	Description	Gross Expense Ratio	Net Expense Ratio	Amount	Date Checked	Comment
Merryl Lynch	401k	VTRS45	Vanguard Target Retirment Trust Select 20455	0.05%		$ 40,000.00	4/11/2023	
Fidelity	Roth IRA	FIOFX	Fidelity Freedom Index 245 Investor	0.12%	0.12%	$ 55,670.00	4/11/2023	
Fidelity	Rollover IRA	DGEAX	NY Mellon Global Emerging Markets Fund - Class	1.30%	1.25%	$ 30,690.00	4/11/2023	
Fidelity	Cash Account	PRCIX	T. Rowe Price New Income Fund	0.44%	0.44%	$ 10,103.36	4/11/2023	
Fidelity	Brokerage Account	FIOFX	Fidelity Freedom Index 245 Investor	0.12%	0.12%	$ 18,561.54	4/11/2023	
Ally	Brokerage Account	n/a	Stocks			$ 600.00	4/11/2023	
TSP	Lifecycle	L2045	L Funds Lifecycle Funds	0.01%	0.04%	$ 3,300.00	4/11/2023	
HSA						$ 6,500.00	4/13/2023	Invested
Fidelity	Annuity	FPVAC	Fidelity VIP FundsManager 60	0.80%	0.75%	10.00	4/16/2023	Annuity charge of 1.90% and Surrender Fee of 7%
TOTAL						$ 158,924.90		

Como se puede ver en la tabla, el Fondo de Mercados Emergentes Globales DGEAX NY Mellon tiene una tasa de gastos brutos del 1.30% y una tasa de gastos netos del 1.25%. Piénsalo. ¿Qué preferirías pagar en tarifas? Calculemos: el 1.30% de $100,000 = $1,300 versus el 0.12% de $10,000 = $12. No sé ustedes, pero yo preferiría pagar doce dólares en tarifas al año que $1,300. Bien, ahora es tu turno de hacer este ejercicio. Si tienes fondos, enuméralos todos. No avances al siguiente capítulo. Hazlo ahora, o de lo contrario no lo harás. Puedes imprimir la Hoja de Seguimiento de Mis Fondos incluida al final de este libro, o puedes crear la tuya propia usando Excel. Pero hazlo. ¡Ahora ve a Maximizalo!

Genial, has vuelto. Espero que hayas creado tu lista, si no, detente y ve a crear esa lista. Este es tu comienzo para tomar el control de tus inversiones. Seguí adelante y replanteé mi estrategia, reequilibré mis cuentas y me aseguré de invertir en fondos indexados de bajo costo. Hay miles de fondos de inversión para elegir, y esto puede ser abrumador. Entonces, dependiendo de tu nivel de riesgo, ya sea que quieras autogestionarlo o hacerlo automáticamente, hay varias estrategias que puedes usar para comenzar a invertir. Si no quieres contratar a un asesor financiero y no quieres administrar y reequilibrar los fondos tú mismo, simplemente elige un fondo de índice de fecha objetivo or Target Date Index Fund. ¿Qué es un fondo de índice de fecha objetivo o Target Date Index Fund? En términos sencillos, es un fondo de índice que tiene una mezcla de inversiones.

Usemos frutas para ilustrar esta analogía. Supongamos que las manzanas son todos los fondos de índice de acciones de EE. UU., las naranjas son fondos de índice de acciones internacionales y las peras son fondos de índice de bonos. Puedes comprar manzanas, peras y naranjas individuales, y cuando tienes demasiadas de un tipo de fruta (fondo), debes reequilibrar según tu nivel de riesgo. Con un fondo de índice de fecha objetivo, obtienes las tres frutas, y se asignan según tu fecha de jubilación.

Si comienzas a invertir en tus veinte o treinta años, el fondo de fecha objetivo invertirá más en acciones y un pequeño porcentaje en elementos no relacionados con acciones, como bonos. A medida que te acerques a la fecha de jubilación, se ajustará automáticamente invirtiendo menos en acciones riesgosas y más en bonos. La Figura 1 a continuación muestra los Fondos de Libertad Fidelity 2055 y cómo se ajustan a medida que se acercan al año 2055. Algunas personas pueden no estar de acuerdo con este tipo de fondos, pero son similares a los fondos ofrecidos en tu 401k, además, debes empezar en algún lugar y hasta que te sientas cómodo con los términos financieros y navegando por el sitio web de tu corredora, este es un buen lugar para comenzar, pero solo tú puedes tomar esta decisión.

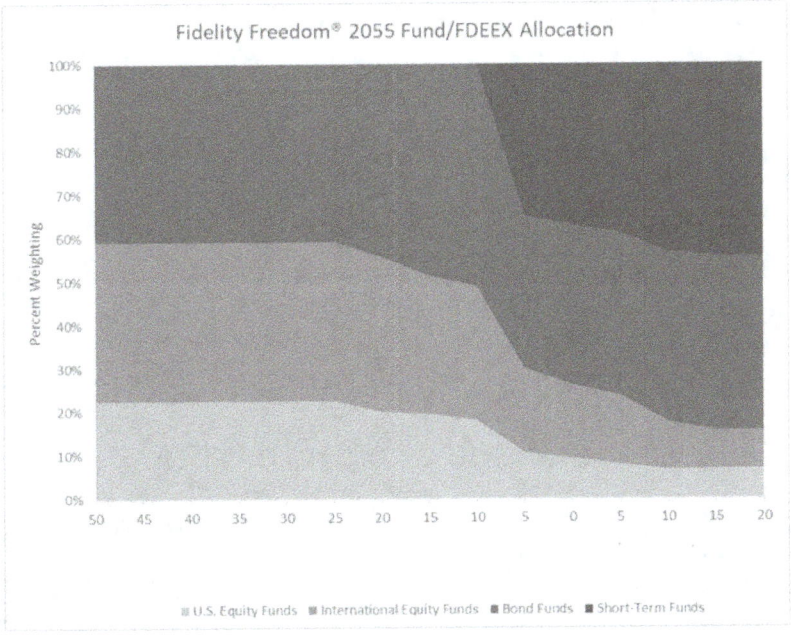

Ahora, si eres un inversor práctico como yo, puedes invertir en fondos separados. La estrategia típica recomendada es invertir en tres categorías: la primera es acciones nacionales, la segunda son acciones internacionales y la tercera son bonos.

Categoría Uno: Acciones nacionales históricamente tienen un riesgo y rendimiento más altos. Se recomienda invertir el cincuenta y cuatro por ciento en acciones nacionales. Ejemplos de acciones en esta categoría son Amazon, Apple, Meta y Tesla.

Categoría Dos: Acciones internacionales. Se recomienda invertir el treinta y seis por ciento aquí. Ejemplos de acciones en esta categoría son Taiwan Semiconductor MFG Co Lt., Nestle SA y Samsung Electronics Co. Ltd.

Categoría Tres: Los bonos básicamente consisten en prestar dinero a una empresa, municipio, estado u alguna otra entidad gubernamental y obtienes un rendimiento porcentual. Se considera más seguro invertir en estos. Se recomienda invertir el diez por ciento en bonos.

He investigado estos diferentes fondos de índice de diferentes firmas de corretaje. Cada tabla representa una categoría según lo descrito anteriormente. Un portafolio de tres fondos puede verse así:

MERCADO DE ACCIONES DE EE.UU:

Firma de Corretaje	Simbolo de Accion	Nombre del Fondo
Fidelity	FZROX	Fidelity ZERO® Total Market Index Fund (*Fondo Fidelity ZERO® de Índice del Mercado Tota*)
Vanguard	VTSAX	Vanguard Total Stock Market Index Fund Admiral Shares (*Fondo Vanguard de Índice del Mercado Total - Acciones Admiral*)
Schwab	SWTSX	Schwab Total Stock Market Index Fund (*Fondo Schwab de Índice del Mercado Total*)
T.Rowe Price	POMIX	T. Rowe Price Total Equity Market Index Fund (*Fondo T. Rowe Price de Índice del Mercado de Renta Variable Total*)

ACCIONES INTERNACIONALES:

Firma de Corretaje	Simbolo de Accion	Nombre del Fondo
Fidelity	FZILX	Fidelity ZERO® International Index Fund *(Fondo Fidelity ZERO® de Índice Internacional)*
Vanguard	VTIAX	Vanguard Total International Stock Index Fund Admiral Shares *(Fondo Vanguard de Índice de Acciones Internacionales Totales - Acciones Admiral)*
Schwab	SWISX	Schwab International Index Fund® *(Fondo Schwab de Índice Internacional®)*
T.Rowe Price	PIEQX	T. Rowe Price International Equity Index Fund *(Fondo T. Rowe Price de Índice de Renta Variable Internacional)*

BONOS:

Firma de Corretaje	Simbolo de Accion	Nombre del Fondo
Fidelity	FXNAX	Fidelity® U.S. Bond Index Fund *(Fondo Fidelity® de Índice de Bonos de EE.UU.)*
Vanguard	VBTLX	Vanguard Total Bond Market Index Fund Admiral Shares *(Fondo Vanguard de Índice del Mercado Total de Bonos - Acciones Admiral)*
Schwab	SWAGX	Schwab U.S. Aggregate Bond Index Fund *(Fondo Schwab de Índice de Bonos Agregados de EE.UU.)*
T.Rowe Price	PBDIX	T. Rowe Price QM U.S. Bond Index Fund *(Fondo T. Rowe Price QM de Índice de Bonos de EE.UU.)*

Si tienes un total de diez mil dólares que deseas invertir, deberás elegir un fondo de cada una de las tablas anteriores según tu elección de firma de corretaje. ¿Qué haría yo en este caso? Tengo Fidelity, así que elegiría FZROX, FZILX y FXNAX. Asignaría esos diez mil dólares para un crecimiento agresivo de la siguiente manera:

- FZROX: 54% de $10,000 = $5,400 va a la Categoría Uno

- FZILX: 36% de $10,000 = $3,600 va a la Categoría Dos

- FXNAX: 10% de $10,000 = $1,000 va a la Categoría Tres

Personalmente, invierto en fondos de índice de fecha objetivo para algunas cuentas. En otras cuentas, utilizo el portafolio de tres fondos. Si es la primera vez que inviertes, es posible que desees comenzar utilizando las herramientas de inversión DIY de Fidelity y Vanguard. En Fidelity, se llama Robo Investing Plus Advice, y en Vanguard se llama Digital Advisor. Básicamente, respondes algunas preguntas y, según tus respuestas, el sistema mostrará los fondos que recomiendan para que inviertas. Recuerda verificar las tarifas de cada fondo que elijas. Esta es una excelente herramienta para evaluar tu riesgo.

¿Dónde encuentras esas molestas tarifas de las que tanto hablo? ¿Recuerdas la palabra prospecto o ese documento de divulgación que mencioné anteriormente y que siempre tiramos a la basura sin leer? Bueno, puedes encontrar las tarifas del fondo en ese documento.

Echa un vistazo a los datos de un fondo al azar a continuación. ¡Vaya! La tasa de gastos es del 6.81%, y la tasa neta sigue siendo alta, del 2 por ciento. Además, tiene una carga diferida, que es un cargo o tarifa de venta que se aplica cuando un inversor vende ciertas clases de acciones del fondo antes de una fecha especificada. Básicamente, pagas el 2 por ciento en tarifas cuando vendes este fondo. ¿Invertirías en este fondo sabiendo eso? Yo sé que no lo haría.

Morningstar Category *(Categoría de Morningstar)*	Small Blend (Mezcla de Pequeñas Empresas)
Fund Inception *(Fecha de Creación del Fondo)*	09/30/2009
Exp Ratio (Gross) *(Tasa de gastos (Bruta))* 01/27/2023	6.81%
Exp Ration (Net) *(Tasa de Gastos (Neta))* 01/27/2023	2%
NAV (Net Asset Value) 04/20/2023 *(Valor Neto del Activo)*	$11.29
Deferred Load *(Carga Diferida)*	[1.00%
Minimum to Invest *(Monto Mínimo de Inversión)*	$2,500.00
Turnover Rate *(Tasa de Rotación)* 09/30/2022	29%
Portfolio Net Assets *(Activos Netos del Portafolio)* (SM) 03/31/2023	$117.89
Share Class Net Assets *(Activos Netos de la Clase de Acciones)* (SM) 03/31/2023	$0.25
12 Month Low-High *(Mínimo-Máximo en los Últimos 12 Meses)* 03/31/2023	$9.50 - $11.88

Fuente: Datos aleatorios de un Fondo Pequeño de Mezcla de Fidelity

Ahora echemos un vistazo a un fondo de índice objetivo para el año 2050. La tasa de gastos es solo del 0.49%, y no hay otras tarifas asociadas con este fondo. El monto mínimo para invertir es cero, nada, nada.

Morningstar Category *(Categoría de Morningstar)*	Target-Date 2050
Fund Inception *(Fecha de Creación del Fondo)*	05/11/2023
Exp Ratio (Gross) *(Tasa de gastos (Bruta))* 01/27/2023	0.49%
Exp Ration (Net) *(Tasa de Gastos (Neta))* 01/27/2023	0.49%
NAV (Net Asset Value) *(Valor Neto del Activo)* 04/20/2023	$10.11
Minimum to Invest *(Monto Mínimo de Inversión)*	$0.00

Aquí hay otro fondo de índice de Fidelity:

Morningstar Category (Categoría de Morningstar)	Large Blend
Fund Inception (Fecha de Creación del Fondo)	08/02/2018
Exp Ratio (Gross) (Tasa de gastos (Bruta)) 01/27/2023	0.00%
Exp Ration (Net) (Tasa de Gastos (Neta)) 01/27/2023	0.00%
NAV (Net Asset Value) (Valor Neto del Activo) 04/20/2023	$14.59
Minimum to Invest (Monto Mínimo de Inversión)	$0.00
Turnover Rate (Tasa de Rotación) 09/30/2022	3%
Portfolio Net Assets (Activos Netos del Portafolio) (SM) 03/31/2023	$13,935.57
12 Month Low-High (Mínimo-Máximo en los Últimos 12 Meses) 03/31/2023	$12.64 - $15.17

Aquí tienes un ejercicio rápido:

Q1: ¿Cuál es la tasa de gastos del fondo?

Q2: ¿Cuál es la inversión mínima en este fondo?

Bueno, no me odies por lo que estoy a punto de pedirte que hagas. Soy firme creyente de que las personas aprenden haciendo e investigando. Parte del aprendizaje es adquirir conocimiento a través de la lectura y la escucha, pero la otra parte es práctica. Así que aquí tienes otro ejercicio para ti. Quiero que lo hagas ahora mismo. No sigas leyendo este libro. Detente y haz este ejercicio. Busca en Google lo siguiente y anota lo que encuentres:

- ¿Qué significa "turnover rate" en un fondo índice?

- ¿Qué significa "fund inception"?

- ¿Qué significa "NAV" en un fondo índice?

Encuentra dos fondos índice de bajo costo para cada una de las siguientes categorías: acciones de EE. UU., acciones internacionales y bonos.

- Realmente espero que este ejercicio te ayude a entender más sobre qué buscar en un fondo índice o cualquier fondo mutuo o ETF. No dejes que este libro sea solo conocimiento. Domina esto haciéndolo tú mismo.

CAPÍTULO 12

Maximízalo

Desde 2011 hasta la actualidad en 2023, decidí maximizar todo. A medida que mi salario aumentaba, también lo hacía la cantidad de mis contribuciones a las cuentas de jubilación. A medida que mis cuentas crecían a lo largo de los años, también lo hacía mi mentalidad. Todo en lo que podía pensar era en invertir tanto como fuera posible, así que comencé a maximizar mi 401k, Roth IRA y HSA. Todo el miedo al mercado y a invertir desapareció. Estaba en una frecuencia diferente en ese momento. He adquirido suficiente conocimiento para sentirme seguro de que mis inversiones seguirán creciendo hasta que decida jubilarme.

Quiero tocar un poco el tema de la HSA (Cuenta de Ahorro de Salud). Una cuenta HSA viene con un plan médico de deducible alto de tu empleador. Es una cuenta de ahorros y también puedes invertir el dinero. Puedes elegir fondos de índice dentro de la HSA y ¡listo, estás invirtiendo y ganando más dinero para tus gastos médicos! Puedes retirar el dinero libre de impuestos siempre y cuando se utilice para gastos médicos, como copagos y coseguros."

¿Sabías que puedes comprar una pistola de masaje con tu cuenta de ahorros de HSA? Sí, puedes. Una HSA también tiene un límite máximo de contribución y en el año 2023, para una sola persona, es de $3,850 y $7,750 para familia. Ten en cuenta que cada año puede aumentar, así que verifica para el año actual. Hay muchas reglas para diferentes situaciones, así que te insto a que investigues qué es una HSA en YouTube o Google y leas más al respecto.

En 2023, sigo aprendiendo, leyendo y recientemente comencé a dar coaching individual. Terminé de leer el libro de seiscientas páginas de Tony Robbins llamado "Money Master the Game". Me llevó tres meses leerlo, y la mayoría de las cosas que escribió ya las había hecho en mis veintes y treintas. Aprendí tres cosas nuevas sobre el dinero de este libro. Primero, aprendí sobre la Cartera Todotiempo o Todo Clima.

Investigué un poco y esta cartera surgió en 1996 de la mano de Ray Dalio, un inversor multimillonario y gestor de fondos de cobertura estadounidense. Se desempeñó como co-director de inversiones del fondo de cobertura más grande del mundo, Bridgewater Associates. Se supone que esta cartera se desempeña bien en "todas las estaciones, en todo clima". Me sorprendió un poco la baja asignación de acciones y la alta de bonos. En mi opinión, esta asignación es para aquellos que son más conservadores. Personalmente, prefiero correr un poco más de riesgos, pero esto es una elección personal.

En segundo lugar, aprendí sobre contratar a un fiduciario. En términos sencillos, un fiduciario trabaja en interés del cliente a diferencia de un asesor financiero. Honestamente, tengo que investigar más sobre esto, ya que he trabajado con un asesor financiero del banco USAA, como se mencionó en un capítulo anterior. En mi opinión, un inversor principiante no debería necesitar contratar a un fiduciario aún. Pero es algo que te animo a investigar antes de tomar la decisión de contratar a uno. Solo asegúrate de que te cobren una tarifa fija, no un porcentaje anual.

En tercer lugar, aprendí sobre FIA (Anualidad Indexada Fija). Lo cual también me sorprendió, ya que ya había invertido en una anualidad, pero parece que hay muchos tipos de anualidades. Esta me llamó la atención debido a los pros. Hice una lista de los pros y los contras de un FIA:

Pros:

- Tu capital, el dinero que invertiste, está protegido cuando el mercado baja.

- Tus ganancias se basan en las ganancias del índice del mercado sin exponer tu capital; tu dinero no está directamente invertido en el mercado.

- Tus ganancias son diferidas en impuestos y se acumulan anualmente.

- Beneficio por fallecimiento: asegura que tus beneficiarios reciban una cantidad específica que suele ser la prima inicial o un valor más alto en caso de tu fallecimiento. No hay contribución anual.

Contras:

- Complejidad: entender los términos, condiciones y otros componentes puede ser desafiante.

- Límites y tasas de participación: si el índice del mercado tiene un rendimiento del 8%, es posible que solo obtengas hasta tu límite especificado, que puede ser inferior al 8%.

- Cargos por cancelación: tarifas cobradas cuando retiras dinero en un cierto período.

- Tarifas y gastos: es necesario verificar las tarifas y costos.

- Liquidez limitada: tiene restricciones durante el período de cargos por cancelación, así que no es un buen lugar para poner tu dinero de emergencia.

Personalmente, no consideraría un FIA ni ningún tipo de anualidad. Tal vez si me convierto en multimillonaria o encuentro un fiduciario confiable, lo consideraría. No tengo suficiente conocimiento sobre los FIA, así que no me siento cómoda invirtiendo en uno. La manera en que abordaré esta nueva información es leyendo más al respecto a través de la repetición e intentar entenderlo para que en el futuro cercano pueda considerarlo como una herramienta de inversión. Te animo a que hagas lo mismo.

Recuerda que la clave para la inversión a largo plazo es el 'conocimiento'. Desearía haber tenido este libro cuando recién comenzaba mi viaje de inversión. Una vez que hayas terminado de leer este libro, comienza otro hasta que se registre en tu cerebro. Piensa en esto, ¿cómo se convierte el golfista o jugador de baloncesto más exitoso en excelente en lo que hace? A través de la repetición.

Lo mismo ocurre con la inversión o cualquier otra cosa que hagas en la vida. Si practicas todos los días, más lo dominarás. Eventualmente, te llevará a desechar el 'miedo' que te ha mantenido frenado para comenzar tu viaje de inversión y estarás en camino de ¡Maximizarlo al Máximo!

CAPÍTULO 13

EL SECRETO DE LA RIQUEZA

El 1 de junio de 2021, entré en un ciclo de ansiedad que nunca antes había experimentado en mi vida. Estoy contemplando escribir un libro al respecto y cómo lo superé. Mientras tanto, permíteme compartir contigo cómo me sentía en ese momento de mi vida. Había entrado en lo que llaman el ciclo de ansiedad. Tenía tantos pensamientos intrusivos, como, ¿Cuál es el sentido de tenerlo todo? ¿Cuál es el sentido de tener esta casa? Tengo este nuevo trabajo que es lo que siempre he querido, pero no me siento feliz. ¡No puedo vivir así! Era algo que no le desearía ni a mi peor enemigo. Pero salí de eso y déjame decirte que esto me lleva al secreto de la riqueza: ¡LA GRATITUD!

Aprendí esto de Tony Robbins. ¿De qué sirve tener dinero y toda la riqueza del mundo cuando te estás cuestionando a ti mismo? Llegas al punto en que no quieres vivir más. Ninguna cantidad de dinero te hace feliz. Muchas personas que son súper ricas terminan suicidándose porque son miserables.

Recuerdo visitar a familiares y ir a la casa de unos amigos que eran muy pobres pero eran tan felices con lo poco que tenían. Estas personas no comen para darte su última comida. Esa es la felicidad.

Debes estar agradecido por lo que ya tienes para que cuando te vuelvas rico, mantengas ese mismo nivel de gratitud.

Si mi estado mental hubiera sido como en 2021, ninguna cantidad de dinero me habría hecho feliz, créeme. Así de profundo estaba en la madriguera del conejo. He estado practicando la gratitud y manteniendo un estado hermoso durante los últimos dos años, y ha marcado una diferencia tremenda.

Dicho esto, estoy verdaderamente agradecida y agradecida de que me hayas permitido compartir mi viaje financiero y experiencias de vida contigo. Te envío bendiciones y mejores deseos en tus trayectorias de inversión.

Aprendí esto de Tony Robbins. ¿Cuál es el punto de tener dinero y toda la riqueza del mundo cuando te estás cuestionando a ti mismo? Llegas al punto en el que no quieres vivir más. Ninguna cantidad de dinero te hace feliz. Muchas personas que son súper ricas terminan cometiendo suicidio porque son miserables. Recuerdo visitar a familiares e ir a la casa de un amigo que era muy pobre pero era tan feliz con lo poco que tenía. Estas personas no comerían para darte su última comida. Esa es la felicidad. Debes estar agradecido por lo que ya tienes para que cuando te vuelvas rico, mantengas ese mismo nivel de gratitud.

Si mi estado mental hubiera sido como en 2021, ninguna cantidad de dinero me habría hecho feliz, créeme. Así de profundo estaba en la madriguera del conejo. He estado practicando la gratitud y manteniendo un estado hermoso durante los últimos dos años, y ha marcado una diferencia tremenda.

Dicho esto, estoy verdaderamente agradecida y agradecida de que me hayas permitido compartir mi viaje financiero y experiencias de vida contigo. Te envío bendiciones y mejores deseos en tus trayectorias de inversión.

CAPÍTULO 14

CASOS

Los siguientes casos son ejemplos de cómo abordaría diferentes situaciones relacionadas con las inversiones. Personalmente, en mis primeros años, no invertí en un plan 401(k) porque estaba en el ejército y no ofrecían una contribución correspondiente, pero sí tenían un Plan de Ahorro TSP (Thrift Savings Plan). Invertí alrededor del uno por ciento a principios de la década de 2000. Desde 2018, el ejército inscribe automáticamente al personal militar deduciendo el tres por ciento de su salario básico.

Antes de entrar en los casos, aquí tienes una lista de verificación para el orden de las inversiones:

- 401K: invertir hasta la correspondencia.

- HSA (Cuenta de Ahorro de Salud): hasta la contribución máxima.

- Roth IRA: hasta la contribución máxima.

- 401k: hasta la contribución máxima.

- Cuenta de corretaje gravable: aquí puedes invertir cantidades ilimitadas. (Las personas con ingresos altos suelen utilizar esta cuenta cuando han alcanzado el límite en todas las demás cuentas de inversión).

- Asegúrate de elegir fondos indexados con bajos cargos y diversifica tu cartera.

- Asegúrate de activar la reinversión automática de dividendos. Yo lo hago en Fidelity. Estoy bastante seguro de que puedes hacerlo con otras firmas de corretaje.

- Asegúrate de configurar inversiones automáticas. ¡Configúralo y olvídalo!

- Reasigna/rebalancea tu cartera. Normalmente revisa tus inversiones una vez al año. Esto se hace cuando tienes una cartera de tres fondos. Busca en YouTube cómo rebalancear tu cartera de inversiones.

> *Nota: El fondo indexado de fecha objetivo (Target Age/Date) se reequilibra automáticamente a medida que te acercas a tu año de jubilación.*

- Nunca vendas, simplemente compra, mantén y sigue el rumbo. Recuerda, somos inversores a largo plazo, no day traders.

Ahora entremos en los escenarios.

Suposiciones: Tienes un trabajo, deseas invertir al menos el diez por ciento de tu salario y estás listo para maximizarlo. Esto es cómo manejaría personalmente cada escenario, pero recuerda que el viaje es tuyo, ¡así que maximízalo según tus necesidades personales!

Escenario 1: Eres un principiante. No tienes ahorros, no tienes un Roth IRA, tienes un trabajo y la empresa ofrece un partido 401k pero no HSA (Cuenta de ahorros para gastos médicos).

- Invierte en el 401k hasta el límite del partido.

- Coloca el dinero restante en un fondo de emergencia del mercado de dinero o en una cuenta de ahorros de alto rendimiento.

Escenario 2: Tienes de tres a nueve meses de ahorros de emergencia, estás contribuyendo a tu 401k hasta el límite del empleador, tu empresa no ofrece un HSA y no tienes un Roth IRA.

- Continúa ahorrando para tu fondo de emergencia y el 401k hasta el límite del empleador.

- Comienza a invertir en un Roth IRA. Comienza pequeño si tu salario no ha aumentado. Recuerda que empecé con veinticinco dólares al mes.

Escenario 3: Tienes seis o más meses de ahorros de emergencia. Tu empresa ofrece un HSA y 401k. Ganas lo suficiente para maximizar tu Roth IRA.

- Continúa ahorrando para tu fondo de emergencia.

- Continúa invirtiendo en tu 401k hasta el límite del empleador.

- Invierte en el HSA de tu empresa y asegúrate de invertir el dinero.

- Maximiza tu contribución al Roth IRA.

Escenario 4: Estás haciendo todo en el Escenario 3, tu salario te permite maximizar todas las inversiones.

- Continúa ahorrando para tu fondo de emergencia.

- Maximiza tus contribuciones al 401k.

- Maximiza tus contribuciones al HSA.

- Maximiza tu Roth IRA. (Verifica las restricciones salariales. No puedes contribuir si ganas más que la regla de salario máximo del año en curso).

Si, después de pagar todas las facturas y maximizar todo lo mencionado anteriormente, aún tienes dinero sobrante, abre una cuenta de corretaje imponible e invierte el dinero restante allí.

¡Escanea el QR para descargar GRATIS la "Hoja de Seguimiento de Fondos"!

Toma el control de tus inversiones con **Mi Hoja de Seguimiento de Fondos**, una herramienta simple pero poderosa para gestionar y rastrear todas tus inversiones en un solo lugar.

beyourpeaceacademy.com/courses/offers/cbcbd33a-ab7b-4b f8-b758-2cc67ea4777f

Libros Recomendados

Esta es la lista de libros que recomiendo:

Libro	Autor	Cita Favorita
El millonario automático	David Bach	"Un café rechazado es una fortuna ganada".
The Simple Path to Wealth No disponible en español	JL Collins	"Si tu estilo de vida coincide, o Dios no lo quiera, excede tu ingreso, no eres más que un esclavo dorado.."
Padre Rico, Padre Pobre	Robert T. Kiyosaki	"Los ricos se centran en sus activos mientras que todos los demás se centran en sus ingresos."
The Four Pillars of Investing No disponible en español	William Bernstein	"Si te encuentras estimulado de alguna manera por el rendimiento de tu cartera, entonces probablemente estás haciendo algo muy mal. Una estrategia de cartera superior debería ser intrínsecamente aburrida."
El millonario de la puerta de al lado	Cotter Smith	"Una de las razones por las cuales los millonarios tienen éxito económico es que piensan de manera diferente.."
Dinero: domina el juego	Tony Robbins	"Toma el dinero que ahorras en tarifas y reinviértelo para un crecimiento compuesto. Esta estrategia es otro camino rápido hacia la libertad."
Inquebrantable	Tony Robbins	"Como dice Warren Buffett, 'El riesgo viene de no saber lo que estás haciendo'.."

Mi Hoja de Seguimiento de Fondos

Corredor	Tipo de Cuenta	Fondo	Descripción	Tasa de Gastos (Gross)	Tasa de Gastos (Neto)	Monto	Fecha de Revisión	Comentario
Vanguard	Index Fund	VTSAX	Vanguard Total Stock Market Index Fund	.04%	.04%	$95,000	01/01/23	Necesito idear una estrategia

Ejemplos de Coinversión en el 401k

Algunos de mis amigos y clientes no comprenden cómo funciona la coinversión en el 401k, así que pensé que incluir este ejemplo sería útil. ¿Cómo calculo la coinversión en el 401k? He incluido una representación visual debajo de los ejemplos.

¿Cuál es la coinversión de la empresa? ¿Cuál es tu salario?

Ejemplo 1: La empresa aporta $1 por cada dólar en el primer 3% del salario.

- Calcula el 3% de tu salario. Entonces, si ganas $50,000 al año, 3% x 50,000 = $1,500.

- $1,500 es la máxima cantidad que la empresa igualará por año.

- Dado que la empresa te dará $1 por cada dólar que inviertas, deberás invertir $1,500 de tu salario, y la empresa te dará $1,500. Al final del primer año, tendrás $3,000 invertidos más intereses (la cantidad varía según tus elecciones de inversión).

Ejemplo 2: La empresa aporta cincuenta centavos por cada dólar en el 6% del salario.

- Calcula el 6% de tu salario. Usando el mismo salario, $50,000 al año, 6% x 50,000 = $3,000.

- $3,000 es el máximo que la empresa igualará por año."

- En este caso, la empresa dará cincuenta centavos por cada dólar, a diferencia del Ejemplo 1. Calcula $3,000 x 0.50 = $1,500, que es la aportación de tu empresa.

- Necesitarás invertir $3,000 de tu salario y tu empresa te dará $1,500. Así que al final del año, tendrás $4,500 invertidos más intereses (la cantidad varía según tus elecciones de inversión).

Ejemplo 3: La empresa aporta $1 por cada dólar en el primer 2% del salario y cincuenta centavos por cada dólar en el siguiente 4%. Este es un poco complicado, pero algunas empresas lo hacen.

- Calcula el 2% de tu salario. Usando el mismo salario, $50,000 al año, 2% x 50,000 = $1,000.

- $1,000 es el máximo que la empresa igualará a $1 por dólar.

- A continuación, calcula el siguiente 4% de tu salario, 4% x 50,000 = $2,000.

- Necesitarás invertir $3,000 de tu salario. Tu empresa te dará $1,000 por tu contribución de $1,000 (primer 2%), luego te dará $1,000 por tu contribución de $2,000 (siguiente 4%).

Suponiendo que tu salario anual es de $50,000:

Emparejamiento del Empleador	Tu Contribución Anual	Contribución Anual de tu Empleador	Total
$1 por cada dólar en los primeros 3% del salario	$1,500	$1,500	$3,000
$0.50 por cada dólar en el 6% del salario	$3,000	$1,500	$4,500
$1 por cada dólar en los primeros 2% del salario y $0.50 por cada dólar en el siguiente 4% del salario	$3,000	$2,000	$5,000

Resumen de Lecciones de Dinero y Vida

Lección #1: Ahorra el 10% para ti mismo.

Lección #2: Ahorra $1,000 para emergencias.

Lección #3: Establece y olvida.

Lección #4: No dejes de aprender.

Lección #5: Aumenta las contribuciones con cada aumento.

Lección #6: Busca ayuda sin dudar.

Lección #7: ¡Prioriza la salud mental!

Lección #8: Convierte los contratiempos en oportunidades.

Lección #9: Reconoce tu propio valor.

Lección #10: Lee para empoderarte.

Lección #11: Acepta el mercado de valores, mantente firme.

Lección #12: ¡Negocia tu salario!

Lección #13: Consolida las cuentas de 401k.

Lección #14: No tomes el ghosting de manera personal.

Lección #15: Método bola de nieve para pagar deudas.

Lección #16: Mantén la humildad.

Lección #17: ¡Habla!

Lección #18: Cambia de trabajo por un salario más alto.

Lección #19: Las ventas cortas requieren resistencia.

Lección #20: Supervisa tus inversiones.

AGRADECIMIENTOS

Primero y ante todo, quiero agradecer a Dios por sembrar la semilla para que yo escribiera este libro. Agradezco a nuestro Creador por todo lo que ha hecho por mí, por su protección, su amor y compasión. Él ha hecho posible todo en mi vida. Estoy agradecido por las maravillosas personas que he conocido a lo largo de mi vida. Creo firmemente que las personas llegan a tu vida por una razón y por una temporada, tal vez para enseñarte una lección sobre lo que no quieres y tal vez para hacer que esa temporada esté llena de alegría, risas y felicidad. Debemos abrazar ambas lecciones.

Quiero agradecer al Sr. Andre Williams. Andre fue mi LPO (Oficial Principal Al Mando) durante mis días en la Marina. Plantaste la semilla para investigar una Roth IRA. Tomé la semilla, la planté, la regué y la vi crecer. Gracias por tu orientación y mentoría, y por veintitrés años de camaradería.

Mi hija, Mia, es la fuerza que me hizo imparable en cualquier objetivo personal y financiero que me haya propuesto. Muchas decisiones que he tomado fueron en su mejor interés para asegurarme de proporcionarle y protegerla para que no tenga que luchar tanto como yo.

A mi mamá, Delmi, por hacer lo mejor que pudo, especialmente cuando las mujeres no tenían muchas oportunidades como las que tenemos hoy. Gracias por traer ese pan y leche con chocolate fría que me entregaste al despertar porque mis tíos borrachos se habían comido mi cena y me fui a dormir con hambre. En esta y muchas otras ocasiones estuviste allí para apoyarme. Te quiero.

A mis hermanas, las quiero chicas. Gracias por mirarme hacia arriba. Gracias por el apoyo emocional y todo el amor que siempre me dan. Ustedes estuvieron allí para mí durante esos días en los que trabajaba y estudiaba a tiempo completo. Cuidaron a mi hija cuando necesitaba que intervinieran para ayudarme. ¡Gracias! Recuerden, hago esto por ustedes, para servir como un ejemplo de que las posibilidades son ilimitadas.

Jeremy Schneider, gracias por tomar mi llamada y revisar mi cartera cuando recién comenzaste tu página de Instagram @personalfinanceclub. Le envié un mensaje directo y le pedí que revisara mi cartera, y amablemente lo hizo. Tuve la suerte de tener esa oportunidad. ¡No muchas personas se tomarán el tiempo de ayudar a un desconocido y tú lo hiciste! Aprendí mucho de ti en mi viaje, así que tengo que decir, ¡gracias!

Finalmente, quiero agradecer a Jeana y Lamont Bowling. Gracias por su maravillosa amistad. Ustedes siempre animan y elogian a todos esos niños de Roosevelt que vinieron de esa vida difícil y ahora son adultos de pleno derecho. Nos motivaron y hasta el día de hoy, TODAVÍA tienen los brazos abiertos para cualquiera que necesite ayuda. Son la personificación de la gracia y la abnegación. Cuidado puro y genuino por cualquier persona que cruce su camino. Soy bendecido de que Dios los pusiera en mi camino. ¡Los quiero a ambos!

SOBRE LA AUTORA

Conozcan a Brenda Carolina Paz, una autora dinámica originaria de Somerset, Nueva Jersey. Nacida en Honduras y criada en los Estados Unidos, el viaje de Brenda es un testimonio de una determinación inquebrantable. Equilibrando los roles de madre soltera y veterana de la Marina, obtuvo su MBA, encarnando la resiliencia y el trabajo duro. Actualmente, prospera como Analista de Negocios Senior a tiempo completo en Tecnología Financiera, y la escritura de Brenda refleja sus experiencias diversas. Sus palabras no solo reflejan un profundo viaje personal, sino que también sirven como un faro de inspiración. A través de su perspectiva única, Brenda comparte apasionadamente ideas y lecciones, enriqueciendo el mundo con su sabiduría.